感谢浦江人才计划项目（16PJC060），教育部人文社科青年项目（17YJCZH267）和
上交大ICCI—紫竹新媒体管理研究中心支持

经济管理学术文库 • 管理类

互联网重塑大国发展之路
——基于微观数据的实证研究

Reshaping the Development of China:
Roles of New Media and Micro-based Evidence

周　冬／著

经济管理出版社
ECONOMY & MANAGEMENT PUBLISHING HOUSE

图书在版编目（CIP）数据

互联网重塑大国发展之路——基于微观数据的实证研究/周冬著. —北京：
经济管理出版社，2017.10
ISBN 978-7-5096-5439-2

Ⅰ. ①互… Ⅱ. ①周… Ⅲ. ①互联网络—影响—中国经济—经济发展—文集
②互联网络—影响—社会发展—中国—文集 Ⅳ. ①F124-53 ②D668-53

中国版本图书馆 CIP 数据核字（2017）第 256350 号

组稿编辑：杨国强
责任编辑：杨国强 张瑞军
责任印制：黄章平
责任校对：董杉珊

出版发行：经济管理出版社
（北京市海淀区北蜂窝 8 号中雅大厦 A 座 11 层 100038）
网 址：www. E-mp. com. cn
电 话：(010) 51915602
印 刷：玉田县昊达印刷有限公司
经 销：新华书店
开 本：720mm × 1000mm/16
印 张：9.25
字 数：128 千字
版 次：2017 年 10 月第 1 版 2017 年 10 月第 1 次印刷
书 号：ISBN 978-7-5096-5439-2
定 价：48.00 元

目　录

我国互联网发展沿革和空间差异

在“网络互联”（Internet Working）基础上，互联网已经发展出覆盖全世界的全球性互联网络。互联网具有覆盖面广、信息量大、传播速度快、互动性强等特点。经过近 50 年的发展，从最早的单一局域网发展到如今多元的互联网，从单调的收发邮件、传递数据等功能到如今上网查找资料、上网冲浪、听音乐等多种功能，互联网——这一人类历史上最伟大的发明之一，正逐渐融入人们的生活，成为人们日常生活中不可或缺的一部分，并给人类社会带来巨大的经济效益。

截至 2007 年 1 月，全球互联网已经覆盖五大洲的 233 个国家和地区，网民达到 10.93 亿人，用户普及率为 16.6%，其中宽带接入成为主要的上网方式。作为一个单独的行业，互联网占全球 13 个国家（美国、德国、英国、法国、意大利、日本、加拿大、俄罗斯、中国、印度、巴西、瑞典和韩国）GDP 的 3%，高于农业和能源行业。而在过去 5 年内，互联网对这些国家经济增长的贡献达到 20%，并且这一比例仍在上升中。每有一个工作岗位因互联网消失，就会有 2.6 个新的工作岗位因互联网而产生。[①]

---

① 麦肯锡. 互联网对经济增长贡献达到 20% ［EB/OL］. 新浪科技，http：//www.sina.com.cn，2011-05-25.

一、我国互联网发展历史沿革[①]

1986年8月25日，瑞士日内瓦时间4时11分24秒（北京时间11时11分24秒），中国科学院高能物理研究所的吴为民在北京710所向位于日内瓦的Steinberger发出了一封电子邮件。这是我国第一次同互联网的接触，当然当时的互联网仅限于收发邮件等简单的功能。1990年11月28日，在王运丰教授和维纳·措恩（Werner Zorn）教授的努力下，中国的顶级域名.CN完成注册，钱天白任行政联络员。从此中国在国际互联网上有了自己的身份标识。由于当时中国尚未实现与国际互联网的全功能连接，中国CN顶级域名服务器暂时设在德国卡尔斯鲁厄大学。

1994年4月20日，中关村地区教育与科研示范网（NCFC）工程通过美国Sprint公司接入Internet的64K专线开通，实现了与Internet的全功能连接，从此中国正式成为真正拥有全功能Internet的国家。1995年1月，邮电部电信总局分别在北京、上海设立的通过美国Sprint公司接入美国的64K专线开通，并且通过电话网、DDN专线以及X.25网等方式向社会提供Internet接入服务。1995年8月，金桥工程初步建成，在24省市开通联网（卫星网），并与国际网络实现互联。1996年1月，中国公用计算机互联网（Chinanet）全国骨干网建成并正式开通，全国范围的公用计算机互联网络开始提供服务。1996年9月6日，中国金桥信息网（国家公用经济信息通信网）接入美国的256K专线正式开通。中国金桥信息网宣布开始提供Internet服务，

① 数据及信息来源：CNNIC（中国互联网络信息中心）。

主要提供专线集团用户的接入和个人用户的单点上网服务。

1997年1月1日，人民日报主办的人民网进入国际互联网络，这是中国开通的第一家中央重点新闻宣传网站。1997年2月，瀛海威全国大网开通，3个月内在北京、上海、广州、福州、深圳、西安、沈阳、哈尔滨8个城市开通，成为中国最早，也是最大的民营ISP和ICP。1997年11月，中国互联网络信息中心（CNNIC）发布了第一次《中国互联网络发展状况统计报告》：截至1997年10月31日，中国共有上网计算机29.9万台，上网用户数62万，CN下注册的域名4066个，WWW站点约1500个，国际出口带宽25.408M。1998年3月，第九届全国人民代表大会第一次会议批准成立信息产业部，主管全国电子信息产品制造业、通信业和软件业，推进国民经济和社会服务信息化。1998年5月，经国家批准，同意建设中国长城互联网。2000年3月30日，北京国家级互联网交换中心开通，使中国主要互联网网间互通带宽由原来的不足10兆比特每秒提高到100兆比特每秒，提高了跨网间访问速度。2004年12月23日，我国国家顶级域名.CN服务器的IPv6地址成功登录到全球域名根服务器，标志着CN域名服务器接入IPv6网络，支持IPv6网络用户的CN域名解析，这表明我国国家域名系统进入下一代互联网。2005年6月30日，我国网民首次突破1亿，达到1.03亿人，宽带用户数首次超过网民用户的一半。

2007年10月15日，胡锦涛总书记在中国共产党第十七次全国代表大会报告中指出："全面认识工业化、信息化、城镇化、市场化、国际化深入发展的新形势新任务"；"大力推进信息化与工业化融合"；"加强网络文化建设和管理，营造良好网络环境"；对信息化和互联网的发展提出明确要求。2009年，世界媒体峰会的召开和3G牌照在中国的正式发放之后，中国正式进入了"全民数字化、网络化"的时代。新旧媒体的结合，即传统广播、电视、平面媒体与网络等新媒体的合作，更是使得信息传播的多样化程度、快速化程度、效率化程度（低成本）和透明化程度有了质的飞跃。2013 年底，4G 牌照的正式发放标志着信息传播进入了更高级的阶段：移动互联网的普及（岳琳，2014）。2014 年互联网的接入设备广泛包含电视、手机、平板电脑、台式电脑、手提电脑等。

二、我国互联网发展整体状况

我国自 1994 年接入国际互联网，正式成为真正拥有全功能互联网的国家。在 20 多年的发展中，我国已成长为一个互联网大国，其表现为：

第一，网民数量、CN 域名、国际出口带宽等基础数据的数值大幅增加。1997 年 10 月（CNNIC 第一次对我国网络基础数据进行系统统计并分布的时间），中国网民仅为 62 万人，而在八年后的 2005 年这一数量首次超过 1 亿，如今我国网民数量已破 6 亿（截至 2014 年），且这一数字还在不断增长。值得一提的是，随着智能手机的出现和普及，网络终端已不局限于传统的电脑，手机网民已成为互联网的主要用户——2012 年，手机超越 PC，成为第一大上网终端。截至 2014 年上半年，我国手机网民数量已超 5 亿，超过传统 PC；1997 年 10 月，CN 下注册的域名仅有 4066 个，国际出口带宽仅为 25.408 兆，全国共有上网计算机 29.9 万台。而 2000 年，CN 下注册的域名增长为 122099 个，国际出口带宽 2799 兆，全国共有上网计算机约 892 万台。截至 2011 年 12 月底，中国域名总数为 775 万个，其中，CN 域名数为 353 万个，网站数达 230 万个，国际出口带宽达 1389529 兆比特每秒。[①]

① 数据来源：中国互联网络信息中心、腾讯科技。

第二，信息化发展程度大幅提升，已位于全球领先位置。对信息化程度的计算，涉及信息产业基础、用户市场规模、信息产业规模及信息化应用效益等各方面。就世界来看，美国、英国、日本、中国、俄罗斯等为代表的大型经济体，具有雄厚的信息产业基础和广阔的客户市场，具有相对有利的发展优势。而中国在近几年来，信息化产业规模和应用效益都得到了长远的发展。2002 年，中共十六大提出了“信息化带动工业化走新型工业化道路”的战略，将推动信息化发展上升到国家战略的地位。以软件和信息技术服务业为例，2011 年我国软件产业实现业务收入超过 1.84 万亿元，产业规模是 2005 年的 4.7 倍，同比增长 32.4%，超过“十一五”期间平均增速 4.4 个百分点。软件产业占电子信息产业比重从 2000 年的 5.8%上升到 19.9%。软件企业数量超过 3 万家，从业人数超过 300 万人。2016 年 1~7 月，全行业共完成软件业务收入 26622 亿元，同比增长 14.8%，增速同比回落 1.8 个百分点，比上半年回落 0.3 个百分点；实现利润总额 3162 亿元，同比增长 21.1%，增速同比提高 8.3 个百分点。就 CNNIC 对全球各国家评价结果显示，中国信息化全球排名大幅度提升。根据国家信息化发展指数，中国的排名从 2012 年的第 36 位迅速攀升至 2016 年的第 25 位，并首次超过“二十国集团”（G20）平均水平。

据 CNNIC 发布的《中国互联网络发展状况统计报告》显示，截至 2015 年 12 月，中国网民规模达 6.88 亿人，互联网普及率为 50.3%，相较 2014 年底提升 2.4 个百分点；手机网民规模达 6.2 亿人，占比提升至 90.1%，无线网络覆盖明显提升，网民 Wi-Fi 使用率达到 91.8%。互联网上网用户的上网时间由 2005 年平均每周 15.9 小时上升到 2014 年每周 26.1 小时。[①]

① 数据来源：中华人民共和国信息化产业发展中心官网、中华人民共和国工业和信息化部官网和 CNNIC。

三、我国互联网发展的空间差异

互联网正式进入我国的 20 年间，取得了快速发展，正在成为民众生活中不可缺少的一部分，且产生了众多经济增长点，推动了经济发展。虽然，我国已经成为互联网大国，但却有着较大的空间差异，即东中西部互联网（信息化）发展的差异及城镇与农村互联网（信息化）发展的差异。

（一）东中西部互联网发展的空间差异

就全国范围来说，我国互联网（信息化）发展存在东中西部差异，这种差异表现在各省网络就绪度、信息通信技术应用指数、应用效益指数等方面。以 2015 年为例，北京、上海、广东、浙江、江苏、福建、山东和天津等东部省市发展程度较高，其次是中部地区，西部地区相对落后。总体来看，从东部沿海地区向西北、西南、东北三个方向，信息化发展水平基本呈现出逐步递减的态势。东部的上海，网络就绪度为 95.6，信息通信技术应用指数为 100，应用效益指数为 106.94，总的信息化发展指数为 99.65，全国排名第一；中部的湖北上述数据分别为 70.95、76.79、75.24、74.15，全国排名第九；西部的甘肃上述数据分别为 57.16、63.2、50.12、58.17，全国排名第二十九。信息化程度有别于互联网的普及率，但排序上基本一致（见图 1）。北上广排名前列，甘肃、云南、贵州位居最后。

可以发现，不同省份地区间互联网（信息化）发展程度的差异并非完全同经济发展水平排序一致。互联网的覆盖和推广同时受地理位置等客观条件的影响以及经济发展、对外开放程度、人口素质、地方政策等主观条件影

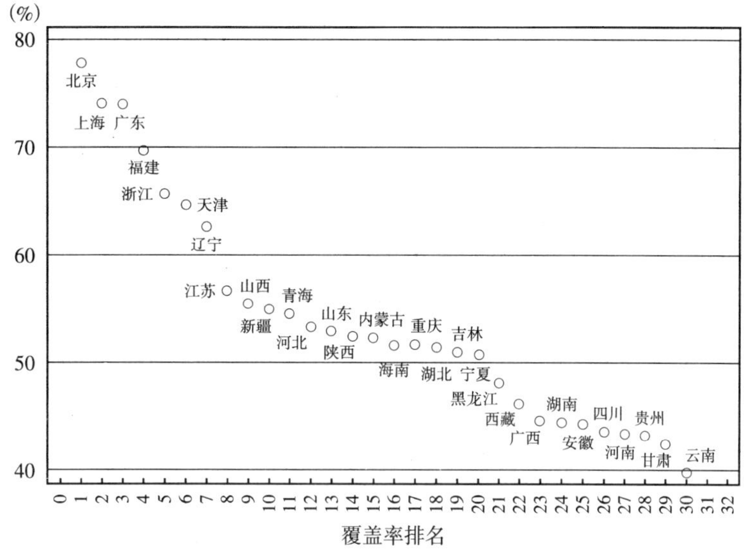

图 1　2016 年我国互联网普及率省级排名

数据来源：中国互联网络信息中心 2017 年 1 月报告。

响。通过对全国各省份人均 GDP 的统计数据的分析可以发现，绝大多数人均 GDP 水平高的省份，信息化发展程度高于人均 GDP 水平低的省份。经济发展水平对信息化投入水平、信息基础设施建设等有直接影响，由此可见，人均 GDP 对信息化发展程度影响较大，可以说是影响其的主要因素，但并非是唯一的因素，一些省份是以传统能源产业为主的旧发展模式，人均 GDP 较高，但信息化发展水平偏低；一些省份因为地理及政策、人才的优势，人均 GDP 偏低，但信息化发展水平会相对较高。

进一步分析城市层面上的互联网户数和人均 GDP，我们可以得到同样的结论，经济发展水平和互联网覆盖率存在很大相关性，但也存在异质性。造成互联网覆盖率地区差异的因素和机制有待进一步深入研究。

（二）城乡互联网发展空间差异

2005 年下半年，农村网民为 1931.4 万人，占农村人口的 2.6%，而城市网民大约有 9168.6 万人，占城市人口的 16.9%，城乡之间数量及普及率差异巨大。当时的城乡人口比例约为 4：6，即 2005 年农村网民数量只是城市网民数量的 1/5，其普及率仅是城市网民普及率的 1/6。乡村网民 2007 年后开始平稳增长，在之后的数年，互联网农村覆盖率维持在 27%~28%。2014 年下半年，农村网民达到了 1.78 亿人，虽然绝对数量有所增长，但考虑到 2014 年常住农村人口约为 7 亿人次，农村网络覆盖率依然远远低于城市网络覆盖率，如图 2 所示。

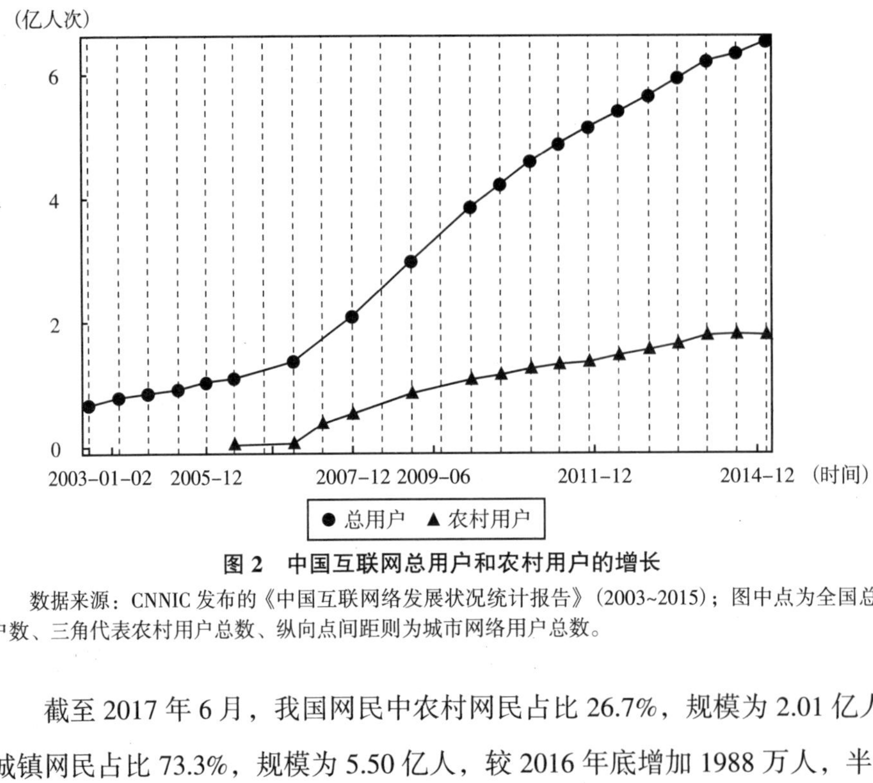

图 2　中国互联网总用户和农村用户的增长

数据来源：CNNIC 发布的《中国互联网络发展状况统计报告》（2003~2015）；图中点为全国总用户数、三角代表农村用户总数、纵向点间距则为城市网络用户总数。

截至 2017 年 6 月，我国网民中农村网民占比 26.7%，规模为 2.01 亿人；城镇网民占比 73.3%，规模为 5.50 亿人，较 2016 年底增加 1988 万人，半年增幅为 3.7%（见图 3）。虽然城乡互联网普及率持续提升，但城乡差距仍然较大。普及接入层面：农村互联网普及率上升至 34.0%，低于城镇 35.4 个百分点；互联网应用层面：城乡网民在即时通信使用率方面差异最小，为 2 个百分点左右，但商务交易类、支付、新闻资讯等应用使用率方面差异较大，其中网上外卖使用率差异最大，为 26.8%。农村互联网市场的发展潜力依然较大。

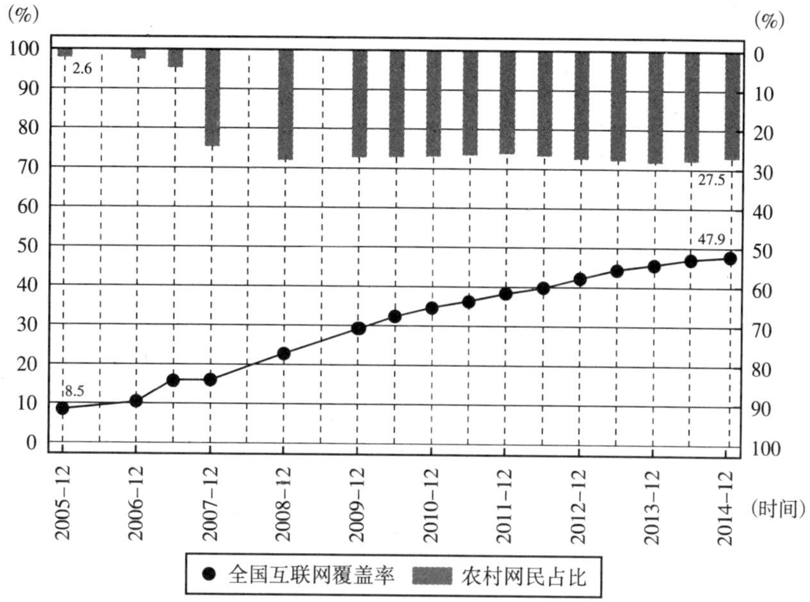

图 3　全国互联网覆盖率及农村网民占比

数据来源：CNNIC 发布的《中国互联网络发展状况统计报告》（2003~2015）；右边数轴度量农村网民所占百分比；左边数轴表示全国互联网覆盖率即总网民占相应口的比例。

如图 4 所示，网络覆盖率城乡差异仍有扩大趋势，而互联网的城乡地区差异又可能是间接加剧城乡发展差距的潜在因素。比如，教育方面：在一、二线城市的中小学，课堂视频教学、网上作业、智能手机端教学等方式，逐渐成为师生互动的新方式，但在不少欠发达地区，能用上移动学习设备的学校仍是少数，不少农村学校对远程技术仍有隔膜。在“互联网+教育”以及教育新科技普及的浪潮中，如不及时缩小差距，城乡教育不均可能会加剧。通信信息方面：互联网是当今传播信息最快的媒介，已经熟练运用互联网的城里人获得的消息量和速度自然是只通过电视机等传统媒介了解外面世界的

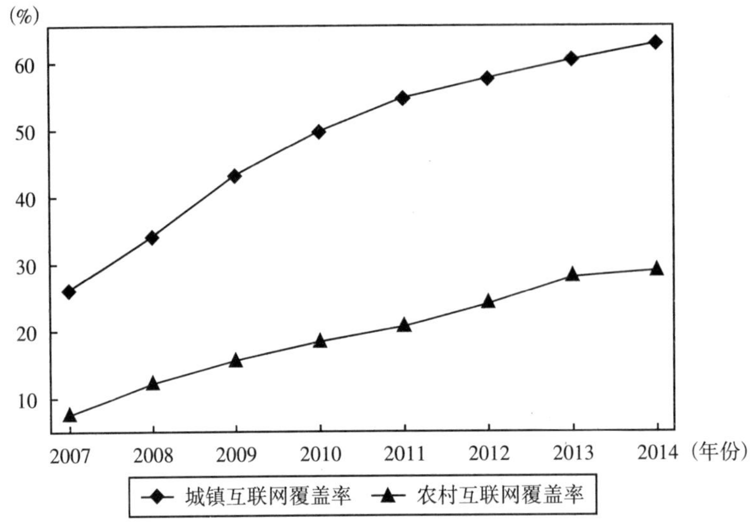

图 4 城乡互联网覆盖率差异

数据来源：CNNIC 发布的《中国互联网络发展状况统计报告》（2003~2015）。

农村人不能比的，如此，相较于信息畅通的城镇地区，农村地区显得更加封闭。信息的相对封闭还会强化民众的保守观念，使其更不易接受新事物和新思想。同时会影响经济发展，拉大城乡间差距。并且，在互联网发展相对落后的农村地区，因为缺乏相应的投资和信息环境，第三产业和一些外向型的制造业及农业很难发展。城乡间互联网发展水平的差距，不仅会影响农村经济的持续发展，不断拉大城乡间的经济差距，还会阻碍我国国家工业化及城镇化进程，从而对全面建成小康社会产生阻力。

（三）互联网空间差异的潜在影响

互联网及移动互联网为代表的新媒体在各国经济发展过程中具有重要的作用。未来全要素生产率的提高，新媒体势必发挥不容忽视的边际正效应。原因是互联网的广泛使用和推广可以大幅度降低交易成本、提高各部门管理效率，高效率低成本传递信息的同时又可以使市场价格透明化，从而让市场机制更为完善。相对于城市和非城市居民各经济特征的地区间差异及地区区域经济状况差异两者的相关性，城市和非城市居民教育、就业和收入的差距与他们在网络信息科技使用差异的相关性更强。网络覆盖的城乡差异有可能进一步扩大该居民现有各经济特征的差异（如就业和收入）。随着数字信息科技在地区间覆盖及推广程度差异的不断拉大，地区居民在创新、人力资本及收入等经济特征现存差距将逐渐拉大。

1. 不同地区间互联网发展的差异，会对各地区产业结构和经济发展产生作用

互联网经济及相关产业同第三产业密切联系。在信息社会，一个地区互联网（信息化）发展的水平直接对该地第三产业的发展水平产生影响。一般来说，互联网发展水平高，第三产业较发达；互联网水平低，第三产业欠发达（见图 5）。互联网电商和支付平台等降低了第三产业的经营成本，减少了企业交换信息成本、教育成本，提高了经济效率。

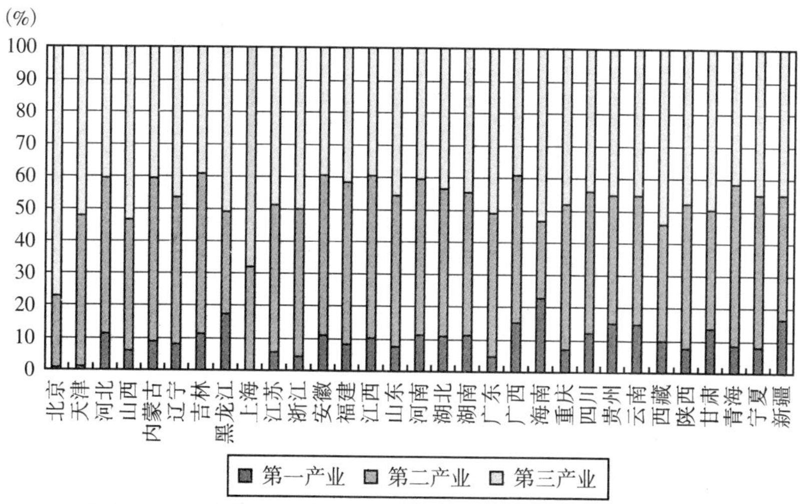

图 5　2015 年各省（市、区）第一、第二、第三产业结构图

数据来源：《中国统计年鉴》。

现如今，“互联网+”理念的提出更是推动了互联网、云计算、大数据、物联网等与现代制造业、服务业的结合。此外，“互联网+”正在全面应用到第三产业，形成诸如互联网金融、互联网交通、互联网医疗、互联网教育等新业态。随着时间的推移，互联网发展水平将进一步影响第一、第二产业的升级。比如，互联网的发展，促进了传统制造业的转型。随互联网一同出现的云计算、大数据等概念，不断推动互联网同传统制造业的联系，产生了新的同互联网紧密结合的制造业（如上文提到的软件和信息技术服务业）。

互联网产业将是我国重要的经济动力。根据波士顿咨询公司在 2010 年发布的《网络连接世界》报告显示，中国的互联网经济占 GDP 的 5.5%，已超过美国，排在世界第三位，仅落后于英国和韩国。改变各地的互联网覆盖差异必将对各地经济结构产生深远的影响。互联网引起的经济结构的差异，又会对地区经济产生影响。

2. 不同地区间互联网发展的差异，会对各地区人民的生活质量和便利程度产生影响

互联网上巨大的实时信息量、无与伦比的便捷性及多元的功能，给民众的工作、学习和生活带来了无限的便利。互联网日渐成为民众生活中不可或缺的一部分。人们通过互联网进行即时通信、查找资料、阅读新闻消息，也可在互联网上休闲娱乐。2014 年，有超 5 亿网民的网络终端上装有即时通信、搜索引擎和网络新闻相关的软件，且使用率都在 80%左右。网络购物近几年异常火爆，电商、微商层出不穷，网络购物已成为一种潮流。2014 年，网络购物用户超过 3 亿。网上支付及网上银行、网上缴费等的出现，大大方便了民众的生活，相关软件的用户数量也在不断扩大。可见，互联网的使用和推广会让居民的信息集扩大。互联网覆盖空间上的差异将会使得各地居民信息集有所差异，因此其幸福感和经济决策必然有所差异，享受的社会福利覆盖也有所差异。

3. 不同地区间互联网发展的差异，会对各地区政府公共服务质量有所影响

随着互联网的普及，我国各级行政部门都通过互联网这一平台推行“电子政务”，转变管理模式，这不仅提高了行政效率，也方便了民众生活。比如，民众不仅能在相关网站和软件上获取相关行政资信，也能在网上办事，处理相关事宜。网民不仅可以在线关注最新的反腐消息和新闻，也可直接在网上完成举报。公安部开发了一款关于交通管理的软件，用户只需操作软件就可完成驾照考试、申请车牌、缴纳罚款等工作。互联网在中国的普及，使得广大的民众找到了民主表达和政治参与的途径。同时，互联网也成为当下中国社会的隐形窗口。与传统表达媒介相比，以网络为载体的新媒体迅速成为民意表达的主要渠道，社会转型期人们的各种矛盾、纠结、愿景和呼声得以借助网民的群体思维而形成汹涌大潮。故而，互联网的发展和使用又影响着居民对政府的信任程度，进而影响社会和谐程度。

我国互联网对就业和收入的影响

【摘　要】本文从互联网及移动互联网为代表的新媒体信息传播角度出发，研究微观层面上互联网覆盖与农村居民就业多元化及收入改善的关系，为农村建设和发展拓宽渠道提供新证据。基于全国性微观调查数据的实证研究结果表明，互联网在农村地区的推广和使用可以显著促进农村非农就业及就业多元化，从而提高农村收入水平。结合城乡互联网覆盖现存差异、地区发展差异现状，政府加大乡村和西部地区互联网的基础建设，发挥新媒体在经济中的积极作用。

【关键词】互联网使用频率；非农就业；Ordered Probit 模型；新媒体经济

一、导论

互联网及移动互联网为代表的新媒体在各国经济发展过程中逐渐发挥着积极和重要的作用。基于美国社会各部门产业和网络关系的研究，Litan 和 Rivlin（2001）指出，未来全要素生产率的提高，新媒体势必发挥不容忽视的边际正效应。原因是互联网的广泛使用和推广可以大幅度降低交易成本、提高各部门管理效率，高效率低成本传递信息的同时又可以使市场价格透明化，从而让市场机制更为完善。但新媒体的发展并不平衡，其不仅在发达国家和发展中国家间存在显著差异，而且在同一个国家不同地区间也存在显著差异。Hindman（2000）研究发现，相对于城市和非城市居民各经济特征的地区间差异和地区区域经济状况差异两者的相关性，城市和非城市居民教育、就业和收入的差距与他们在网络信息科技使用差异的相关性更强。Kristiansen 和 Furuholt（2007）谈及发展中国家——坦桑尼亚的数据网络信息覆盖存在明显城乡差异，并且网络覆盖的城乡差异有可能进一步扩大该居民现有各经济特征的差异（如就业和收入）。基于现有文献，西方学者多次指出，随着数字信息科技在地区间覆盖及推广程度差异的不断拉大，地区居民在创新、人力资本及收入等经济特征现存差距也将逐渐拉大。

根据历年《中国互联网络发展状况统计报告》，我国城乡网络覆盖率差异有扩大趋势。在农业生产部门中，农民个体对网络的使用相较机构对网络的使用更是少之又少（Zhao Jinqiu，Hao Xiaoming and Indrajit Banerjee，2006）。考虑到现有城乡网络覆盖的空间差异加剧会拉大城乡生活水平差距的可能性，如果中国政府旨在改善农村生活水平和平衡区域发展，那么在落后地区推广互联网和移动互联网十分重要。方晓红（2002a，2002b）强调了中国“新农村”建设中新媒体信息传播职能的重要性。随后相关文献就新媒体能否在农村建设中发挥积极作用进行了理论和描述性分析。网络技术在农村发展中的重要性是毋庸置疑的，如传播有效的信息（如市场信息、金融信息、科学和技术信息等），增强生产和农村就业的多样性和普及现代化价值观。然而针对互联网覆盖对农村经济的影响及探讨其影响渠道的相关实证研究文献几乎空白。本文将从理论和实证层面综合研究新媒体对农村发展的影响。

在我国，农民生活水平提高主要源于农业收入和非农业收入的提高。提高农民生活水平问题也是农民的就业问题。随着生产率的不断提高，农业劳动力向非农产业转移是一个国家或地区走向现代化的必经之路。农村人口向非农就业的转变一定程度上反映了农村收入水平提高和城乡劳动市场一体化的发展状况（蔡昉和王德文，2005）。林坚和李德洗（2013）基于年农村住户调查和农民工监测调查数据发现，粮食生产具备对劳动力投入需求相对较少、易于实施机械化作业两个主要特点，可以与非农就业的投资效应相结合，使农户非农就业与其粮食生产之间产生较强的互补性。基于以上论点，提高农村居民非农就业是农民增加收入和提高生活水平的重要渠道。我国围绕农村就业模式决定因素和机制的研究主要集中于提高人力资本积累的公共政策，如教育文化程度的提高（Jiang Luna et al.，2015）和解除现有户籍制度约束（约翰·奈特、邓曲恒和李实，2011）。类似地，国外学者提倡在农村地区推广具有针对性和促进性的非农就业政策解决贫困问题，如减少性别差异、加强基础建设、破除乡镇企业和非农就业壁垒、提供补贴和优惠政策等（Janvry and Sadoulet，2000；Berdegué and Reardon，2001；Christiaensen et al.，2013）。上述文献忽略了从新媒体运用角度出发研究互联网及移动互联网对农民非农就业和收入的影响，关于新媒体覆盖使用对农村地区就业和收入效应的实证研究更为匮乏。本文将使用中国宏观和微观调查数据就农村微观个体对互联网及移动互联网使用频率对其就业及收入的影响进行理论分析和首创性实证研究。如果加大互联网为主新媒体的覆盖率，可以给相对落后的农村地区的经济发展带来正面影响，也可以给政府在平衡和促进地区经济发展中提供重要政策启示。

本文的框架为：第一部分为导论；第二部分为理论机制和研究背景；第三部分为数据和实证模型；第四部分为实证结果；第五部分为总结和政策建议。

二、理论机制和研究背景

（一）新媒体对农村劳动市场的影响

中国农村人口庞大，在新农村建设和农村和谐发展中是一个关键组成部分，农村人口就业问题是直接关系到我国经济发展和社会稳定的重大问题（乐章、于长永和许汉石，2010）。据刘建进 2002 年估计结果表明，2000 年农村剩余劳动力的比例高达 46.6%，绝对数量超过 1.7 亿，随后，无论是蔡昉和王美艳（2007），还是约翰·奈特、邓曲恒和李实（2011），都指出了中国农村劳动力存在显著剩余的客观事实。虽然随着城镇化发展及农村劳动力外移，中国农村劳动力剩余程度有所降低，但是中国城乡收入差距却持续存在（蔡昉和王美艳，2007）。与世界各国比较，我国城乡收入差距依然很大。此外，户籍制度对劳动力自由流动的限制和城市容纳力的有限性决定了农村地区内变革的必要性。在农村地区内部注入经济活力，是缩小城乡差距，提高农村生活水平的重要途径，比如通过创造农村就业多样性，促进非农就业发展，从而改善农村地区生活。

农村人口就业包括非农就业和务农两种模式。就业模式选择取决于内生因素和外生因素两大要素。第一，内生因素包括自身的人力资本积累，受教育程度越高就业的范围和层次越宽，收入越高（申明浩和周林刚，2004）；也包括家庭因素，比如代际传递机制中父母的影响，如果父母有非农就业的经验，孩子更偏向选择非农就业。同时，家庭成员的个数和配偶的就业状况也会影响个体的就业模式选择，缺乏经济压力的个体，往往比较循规蹈矩。

第二，外生因素更多与地区经济发展状况，乡村企业状况及地区政策相关。政府对乡村企业的支持和对地区基础建设的投入都将改善当地农民的就业模式和生活水平。此外，部分农民会选择向城市不断流动，争取城镇的非农就业机会。

对非农就业选择的影响因素研究的现有文献往往忽略了新媒体有效信息传播和农民个体主观能动性，即新媒体传播在非农就业中所起的积极作用。新媒体是新农村建设不可或缺的重要推动力（张宁和方晓红，2002）。比如新媒体对农业信息高效率、低成本的传播加强了农民与外界的交流，提升了农民人力资本的积累，推动了农业经济的发展（冯长福，2007；陈力丹和陈俊妮，2006）。现代化信息的传播也会改变农民的固有思维观念，促使其积极发挥主观能动性，帮助其开创就业多样化模式。即使是对于城乡流动人口，互联网和移动互联网有效信息的传播也有助于打破城乡之间的阻隔，使得农业与非农业产生联系，使得流动人口与城市价值观产生交流与融合，同时有利于流动人口在城镇的就业。靠社会关系网络的传统就业信息渠道在以互联网和移动互联网为代表的新媒体时代得到新拓展，新媒体网络信息传播将成为农民就业信息获取的重要渠道。基于互联网及互联网信息传播具有高效率、低成本等特征，部分学者开始关注其在劳动力市场中的影响和其促进就业的潜在影响，比如如何利用网络促进大学生就业（覃宪儒、罗诚和严壮锋，2005；肖建彬和杨帆，2005；李宴群，2010）。但新媒体对农村就业和收入的影响研究依然凤毛麟角，实证研究更为匮乏。非农就业模式势必受益于新媒体，本文将是首篇采用微观数据定质定量分析互联网的使用对农村非农就业和农民收入的影响，为政策制定提供建设性参考。

图 1 为影响机制分析框架，新媒体传播对促进农村生活水平提高的积极作用可以概括为以下几个方面：

第一，新媒体在农村覆盖可以高效传播有效信息，如农业生产管理、农村教育信息、科学文化信息、农村市场流通、农业科学技术、市场信息更新，等等。互联网及移动互联网加速了农民有效地接触有用信息、相对低成本地接受知识更新，提高现有人力资本，可以直接改善现有生产模式，提高生产效率，提高其收入水平。如方晓红（2002b）采用抽样调查的方式研究苏南农村在接受经济信息传播的程度及其效应，虽然她发现媒介在农村经济信息传播中存在许多问题，但也论及媒介有效信息的传播在农村地区发挥的积极作用。冯长福（2007）、迟凤玲（2008）分别指出传媒农业信息服务会积极直接地帮助农民增收。

图 1　影响机制分析框架

第二，除了信息传播的直接效应，还有思想意识、主观意识上产生的间接效应。具体而言，媒介参与、互联网的使用，农民直接接触有效的信息（如外界文明和市场更新），有利于观念变革，开始自身处境的思考和激发其行动的意向。当他们通过新媒体接触有效信息和知识时，这些丰富的信息量能拓展他们的思维、更新他们的知识和观念体系，逐渐改变他们的传统思维方式、生活方式，改变就业选择和生产活动的选择，提高其收入水平（迟凤玲，2008；郑美玉，2000；方晓红，2002；张绍程，2010）。1969 年，罗杰斯（Rogers）就提出了媒介传播对于农民观念现代化的影响："创新精神"(Innovativeness)、"政治知识"（Political Knowledge）和"志向抱负"（Aspirations)。陈莉（2009）也提出，如果农业信息网络传播结合农民主观能动性将提高农村收入。高红波（2013）就新媒体需求和使用对农民现代观念的改变进行了理论阐释和实证研究，发现 IPTV 对河南省巩义农民现代观念有显著影响。观念的改变势必会打破固有的思维模式、生产模式，从而实现就业多样性和生产多样性。

（二）我国互联网发展及其空间差异

自 1994 年 4 月 20 日中国教育科研网（NCFC）与美国 NCFnet 直接联网起，中国正式开启了网际网路时代，新媒体初露头角。岳颂东（2008）、熊澄宇（2007）不谋而合地指出，新媒体是采用当代最新科技手段（如网络、计算机）进行信息传播。2006 年以前互联网的主要接触方式为宽带上网和拨号上网，之后互联网接入设备开始呈现多样化。2009 年世界媒体峰会的召开和 3G 牌照在中国的正式发放之后，中国正式进入了"全民数字化、网络化"的时代。新旧媒体的结合，即传统广播、电视、平面媒体与网络等新媒体的合作，更是使得信息传播的多样化程度、快速化程度、效率化程度（低成本）和透明化程度有了质的飞跃（才让卓玛，2010；邓香莲，2011）。2013 年底，4G 牌照的正式发放标志着信息传播进入了更高级的阶段：移动互联网的普及（岳琳，2014）。2014 年互联网的接入设备广泛包含电视、手机、平板电脑、台式电脑、手提电脑等。

从 2003 年到 2015 年，我国互联网络全国网民的绝对数量呈对数型增长(网民的定义为过去半年内使用过互联网的 6 周岁及以上的中国居民)。尤其在 2007 年之后，呈现跳跃性的剧增。2003 年下半年全国总用户为 6800 万人，全国覆盖率为 8.5%。2014 年下半年，互联网总使用用户增加到将近 6.5

亿人次，占年全国人口的47.9%。截至2014年12月，[①] 我国移动互联网使用者增加，手机网民高达5.57亿人。其他相关特征包括：①互联网使用者的文化程度集中在中等教育程度（高中文化水平及以上）；②互联网使用者的年龄集中在20~39岁年龄段，占总网民的55.3%；③近十年，男女互联网用户的比例维持在6∶4；④互联网用户上网时间由2005年平均每周15.9小时上升到2014年每周26.1小时；⑤针对不使用网络的居民调查表明，他们不使用互联网的最主要因素是不具备上网所需的技能和设备。

以互联网为代表的新媒体不仅促进了相关产业（如传媒产业和文化产业）显著发展，同时也使社会效益和经济效益最大化。但我国新媒体覆盖地区主要集中在城市地区，而农村地区受限于经济状况和地理位置，对新媒体接触起步晚、起点低，将互联网应用到生产和生活中相对较少。2005年前，中国互联网络信息中心（China Internet Network Information Center，CNNIC）统计报告中不区分农村、城市网络用户，所以2005年前农村网民数据缺失。原因可能是农村网络用户在2005年前比较少或者是统计有难度（农村网民的定义为过去半年内使用过互联网的6周岁及以上居住在农村的中国居民）。2005年下半年，农村的网络用户为1931.4万人，占农村人口的2.6%，而城市网民大约有9168.6万人，占城市人口的16.9%，城乡之间数量及普及率差异巨大。当时的城乡人口比例约为4∶6，即2005年农村网民数量只是城市网民数量的1/5，其普及率仅是城市网民普及率的1/6。乡村网民2007年后开始平稳增长，在之后的数年，互联网农村覆盖率维持在27%~28%。2014年下半年，农村网络使用者达到了1.78亿人，虽然绝对数量有所增长，但考虑到2014年常住农村人口约为7亿人次，农村网络覆盖率依然远远低于城市网络覆盖率。相关数据从不同角度表明网络覆盖率城乡差异仍有扩大趋

① 数据来源：《中国互联网络发展状况统计报告》。

势，而互联网的城乡地区差异又可能是间接加剧城乡发展差距的潜在因素。综合考虑我国农村劳动力过剩、城乡收入差距不断拉大和新媒体覆盖的城乡差距等现实问题，本文就新媒体的需求和使用对农村非农就业和收入的影响进行实证研究具有重要意义。

三、数据和实证模型

（一）数据来源和描述性统计

本文主要使用数据为中国综合社会调查（CGSS）2005 年和 2013 年住户调查。2005 年为互联网和移动互联为主的新媒体在农村地区逐渐开始推广的起始年份，并且 CNNIC 发布的《中国互联网络发展状况统计报告》中于该年份首次分开计算农村互联网覆盖率，而 2013 年为 CGSS 可获取的最新数据年份。CGSS 样本源于全国 22 个省、4 个自治区、4 个直辖市（不含西藏自治区、港澳台），共有 2801 个区县单位，分别包括以下人群分类：根据居住地址可划分为农村村民和城镇地区居民；根据户口可划分为持有农村户口和城镇户口的人群。2005 年总样本量 10343，其中 4270 名农村居民，4560 名农业户口人口。2013 年总样本 11354，其中 4651 名农村居民，6311 名农业户口人口。2005~2013 年农村居民和农村户口人群的差异加大体现了农村劳动力向城镇转移的过程。主要实证量化分析的样本为 16~60 岁的农村地区劳动力人口（2005 年，样本 3287；2013 年，样本 3682）。作为稳健性检验，本文也会对 16~60 岁拥有农村户口的样本群体进行检验并展示其估计结果（2005 年，样本 3961；2013 年，样本 4746）。

两次调查中分别咨询个人互联网及移动互联网的使用频率，同时也系统、全面地收集了社会、社区、家庭、个人多个层次的数据：如居民的收入水平、就业情况、年龄、民族、家庭情况、性别、配偶状况等相关经济特征。如表 1 所示，2013 年农村居民的互联网使用（含手机使用网络）频率比 2005 年有显著的上升，从 3.18%上升到 30.5%，基本与 CNNIC 发布的《中国互联网络发展状况统计报告》提供的全国农村网络覆盖率信息一致，略高一些。如现有文献提及农村劳动力剩余问题，表 1 中农村居民失业比例有所上升，这可能与劳动力人口向城镇流动，农村生产力提高而劳动力需求下降或是再继续教育有关。在所有就业人口中，非农就业显著提高，完全务农人群比例下降。如图 2 所示，从 2005 年到 2013 年，农村人口非农就业比例随着网络使用频率的增高而增高，即互联网使用越频繁，非农就业概率越高，可见互联网及移动互联网使用频率和非农就业存在明显的正相关，并且相同互联网的使用频率组内非农就业比例 2013 年略高于 2005 年。样本中就家庭特征变量分析，家庭人口总数均值由 2005 年的 4.4 下降到 2013 年的 3.5。2005 年调查样本 14 岁时其父亲非农就业的比例比 2013 年样本中高，而样本伴侣在 2013 年的失业率则比 2005 年的高。由家庭居住房产的信息看，绝大部分的农民都住在自有住房中，很少需要租赁住房。就个人特征变量分析，2013 年样本单身比例为 13%，略高于 2005 年的 8%。男女比例接近 1∶1，女性略多。2013 年样本平均年龄为 43 岁，2005 年平均年龄为 40 岁，此外，少数民族的比例在 2013 年样本中比例也略高于 2005 年。总体而言，农村居民获得高中及高中以上教育文凭比例 2013 年比 2005 年有所提高，体现了农村人口总体素质的提高，但仍然有很大比例农民只有初中教育程度或小学文化程度。表 1 中人力资本的另一重要指标健康程度由居民进行自我评价。大多数居民对自己的健康状况评价都比较乐观。此外，2013 年平均个人收入水平比 2005 年高，体现了农村居民生活水平有所提高。

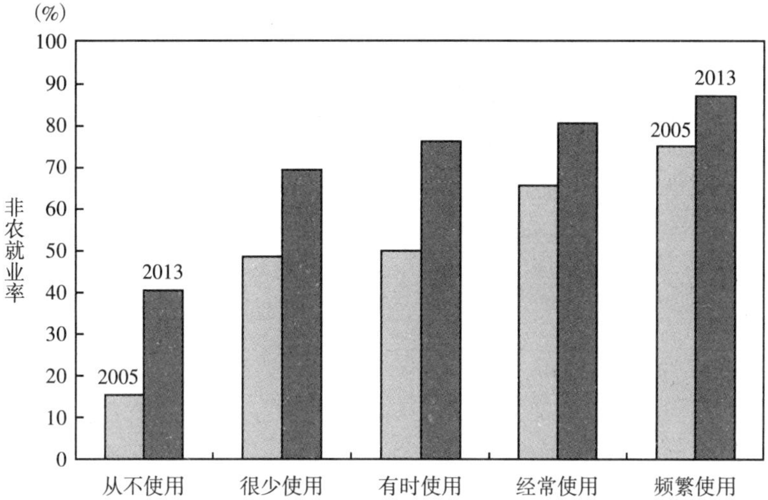

图 2　农村互联网（含手机互联网）使用频率及非农就业比例

表 1　实证数据均值和标准离差统计值

数据	CGSS 2013 （总数量：3287）	CGSS 2005 （总数量：3682）
女性	0.513（0.500）	0.530（0.499）
少数民族	0.133（0.339）	0.082（0.274）
年龄	43.021（11.498）	41.008（10.728）
家庭总成员	3.50（1.470）	4.424（1.692）
父亲非农就业经验率	0.197（0.397）	0.389（0.193）
伴侣未就业率	0.160（0.367）	0.123（0.329）
是否单身	0.131（0.338）	0.080（0.272）
拥有非租赁类住房	0.954（0.21）	0.985（0.122）
个人总收入对数	8.045（3.217） （总数量：3287）	7.775（1.464） （总数量：3486）
就业状况 = 0 未就业	21.48%	3.72%
= 1 农业就业	35.05%	78.3%
= 2 非农就业（含纯非农和混合）	43.47%	17.98%
网络使用频率 = 从不使用（%）	69.5%	96.82%
= 很少使用	7.72%	1.09%

续表

数据	CGSS 2013（总数量：3287）	CGSS 2005（总数量：3682）
=有时使用	7.2%	0.49%
=经常使用	9.15%	1.09%
=频繁使用	6.43%	0.52%
教育程度=未受过教育	12.63%	15.14%
=小学	32.25%	41.06%
=初中	41.28%	35.14%
=高中	9.95%	7.93%
=大专及以上	3.89%	0.73%
自我评价健康状况=很不健康	2.77%	1.49%
=比较不健康	13.91%	14.96%
=一般	16.04%	19.2%
=比较健康	37.22%	43.10%
=很健康	30.07%	21.24%

注：主要实证回归样本为2013年CGSS和2005年CGSS中16~60岁农村现居住人口。

（二）实证模型

针对第一个研究问题，新媒体对农村就业模式的影响，本文将农村居民的就业状况（因变量y）分为未就业（=0）、农业就业（=1）和非农就业（=2），其中非农就业包括两组人：兼职非农和务农就业；纯非农就业人群。考虑到因变量属于分类有序变量（统称农民就业状况），而且自变量也多以离散型数据为主（比如说互联网使用频率的分组虚拟变量、受教育程度的分组虚拟变量、健康状况的分组虚拟变量等），本文选用有序Probit模型（Ordered Probit Model）。在文中引入离散因变量y的映射不可观测的潜在变量y^*与解释变量向量X存在线性回归关系，扰动项ε服从独立且正态分布，如下：

$$y^* = \alpha + X\beta + \varepsilon$$

当 y^* 的估计值落在一定的边界点内，我们就可以观测到农民的相应就业选择，假设两个边界点为 λ_1，λ_2，我们可以将其关系定义如下：

$$y = \begin{cases} 0 & \text{如果} \quad y^* \leqslant \lambda_1 \\ 1 & \text{如果} \quad \lambda_1 \leqslant y^* \leqslant \lambda_2 \\ 2 & \text{如果} \quad y^* \geqslant \lambda_2 \end{cases}$$

将 ε 的正态分布的累积概率函数设为 F(X)，完整的概率函数可以分别表示如下并且可用最大似然估计法（Maximum Likelihood Method）估计出参数：

$$P(y = 0 | X, \beta) = F(\lambda_1 - X\beta)$$

$$P(y = 1 | X, \beta) = F(\lambda_2 - X\beta) - F(\lambda_1 - X\beta)$$

$$P(y = 2 | X, \beta) = 1 - F(\lambda_2 - X\beta)$$

需要注意的是，该模型估计出来的参数只能给我们提供显著程度信息和帮助确定因变量随解释变量 X 变动的方向，所以更重要的是求出自变量 X 对农民非农就业概率的边际影响，对促进非农就业的边际效用可以表示如下：

$$\frac{\partial P(y = 2)}{\partial X} = \beta f(\lambda_2 - X\beta)$$

针对以上非线性概率模型的局限性及其系数不能直接反映经济意义的缺点，本文在基于有序 Probit 模型的结果计算边际效应的同时使用线性概率模型和二值 Probit 模型进行估计。除了离散多元就业状态做因变量之外，本文还采用其他因变量：虚拟变量表示农民是否就业（=1，就业；=0，未就业）、工作多样性（一共从事的工作种类总数，连续性变量）。本书最感兴趣及最重要的解释变量是互联网及移动互联网的使用频率，一共分为五种程度：从不使用、很少使用、有时使用、经常使用和频繁使用。我们在回归模型中引入相应的使用程度虚拟变量组（其中基准组从不使用）。排除了来自地区的差异，不同年龄组和不同出生年份群体间的差异后，具有同样性别、教育及健康程度、类似家庭背景的居民如果经常使用新媒体，那么其非农就业的概率会提高，相应的估计参数应为正值且显著，即互联网及移动互联网的使用可促进非农就业。

其他解释变量还包括受教育程度和健康程度。作为重要人力资本要素，是居民择业的重要决定要素，故而是模型中的重要控制变量。教育程度由相应的虚拟变量组度量（分未受过教育、小学、初中、高中和大专及以上）。健康状况由个人进行自我评价，一共分五种状况衡量：很不健康、比较不健康、一般、比较健康和很健康。在实证模型中相应控制形式也为虚拟变量组。此外，其他解释变量有常数项、性别、是否少数民族、婚姻状况、配偶的就业状况、家庭房产状况（是否非租赁房产）、家庭成员总数、父亲在其 14 岁时是否有非农工作经验、不同调查年份的虚拟变量，分别代表每个年龄组和每个出生年份的虚拟变量。这些解释变量的引入用以控制个体的固有特征和家庭状况差异，同时也控制每个调查年份的固定效应，控制不同年份出生的群组，以及就业市场中不同年龄群组间固定效应等。此外，模型中也引入代表地区虚拟变量组用以控制每个省或地区的固定效应。

针对第二个研究问题，新媒体对农村收入的影响，本文采用的是扩展式 Mincer 模型，以总年收入的自然对数为因变量对解释变量群进行线性回归，其中解释变量包括年龄和年龄的平方（收入的生命周期假设），以及以上的基本个人经济特征所有变量、家庭状况的变量和地区及时间等虚拟变量。

四、实证结果

（一）新媒体对农村就业模式的影响

我们首先使用2005年和2013年混合横截面数据进行有序Probit模型估计分析，并在模型中控制不同年份的差异。主要回归结果见表2，其中包括样本1农村居民和样本2农村户口人群，后者包括农村流出人口。如理论模型解释部分指出，有序Probit模型估计出来的系数不具备实际意义，我们进一步依据回归参数的方向和显著性判断各个解释变量对非农就业的影响方向和显著性。表3基于表2中的估计结果进一步计算出农村居民互联网不同使用频率对非农就业的边际影响。各表中只汇报重要解释变量的回归参数值。与大多数现有文献的发现一致，不同的家庭资源禀赋、不同民族群体和不同的婚姻状况都会影响农村个体的非农就业选择。非农就业概率也存在地区性的差异和年龄层上的差异。比如，我们发现男性、汉族和已婚或者是有伴侣人群从事非农就业的可能性更高。如表2所示，我们发现具有相同各种经济、家庭特征的农民在2013年与基准年2005年相比，务农或非农就业概率相对降低，虽然代表2013年的虚拟变量的估计参数不显著，但系数为负值一定程度上反映了农村剩余劳动力现状。以下对主要估计结果进行逐条说明：

1. 家庭因素，如代际传递机制和配偶影响机制

控制住性别差异、民族差异、地区差异、年龄差异、不同年代出生的人群差异、不同家庭大小差异和不同房产状况差异等可观测信息之后，如果个体的父亲有非农就业的经验，那么他（她）有较高的非农就业概率（见表2

样本 1 回归结果中，父亲是否非农就业的估计参数为正且显著）。此外，针对就业人群样本的回归结果显示，如果父亲有非农就业经历，那他（她）非农就业概率比在各方面经济特征与其相同唯独缺乏有非农就业经历父亲的人群高出 8%左右（见附录 A）。代表配偶属于失业状态的虚拟变量和个体的非农就业选择为显著正相关性，这说明家庭体配偶如果没有工作，家庭经济压力就会落在户主肩上，他（她）相应的就业模式会更为多样，更多会进行非农就业，从而提高家庭收入，缓解经济压力。也有可能是选择非农就业的户主能力较强，家庭状况相对宽松从而其配偶的就业压力较小。综合考虑农村地区的长期发展和代际传导影响，改变现有农民的就业模式，对其孩子未来就业模式的选择和提高收入状况十分重要。

表 2　新媒体对农村劳动力就业的影响

因变量 / 重要自变量	就业状态 = 0，失业；= 1，务农；= 2，非农就业	
	样本 1　农村居民	样本 2　农村户口人群
互联网使用情况	基准组：从来不使用	
很少使用	0.266*** (0.101)	0.304*** (0.079)
有时使用	0.280** (0.114)	0.386*** (0.085)
经常使用	0.293*** (0.113)	0.376*** (0.084)
频繁使用	0.628*** (0.144)	0.631*** (0.101)
年份=2013	−0.171 (0.137)	−0.208* (0.118)
父亲为非农就业	0.001*** (0.036)	0.012 (0.032)
配偶失业	0.101** (0.047)	0.056 (0.040)

续表

重要自变量 \ 因变量	就业状态＝0，失业；＝1，务农；＝2，非农就业	
	样本 1　农村居民	样本 2　农村户口人群
自身文化程度	基准组：没上过学	
小学教育	0.073** (0.038)	0.080** (0.035)
初中教育	0.226*** (0.045)	0.210*** (0.040)
高中教育	0.227*** (0.069)	0.205*** (0.059)
大专及以上	0.198*** (0.052)	0.117*** (0.062)
健康状况	基准组：很不健康	
比较不健康	0.423*** (0.113)	0.398** (0.099)
一般	0.515*** (0.111)	0.447** (0.098)
比较健康	0.594*** (0.109)	0.569*** (0.096)
很健康	0.659*** (0.112)	0.579*** (0.098)
R^2	0.11	0.12
样本量	6930	8649
相关控制变量：常数项、性别、是否少数民族、婚姻状况、家庭房产状况、家庭成员数量、每个年龄组固定效应、每个出生年份组的固定效应和所属每个省的固定效应		

注：①样本 1 为 2013 年和 2005 年 CGSS 中 16~60 岁的农村劳动力人口；样本 2 为 2013 年和 2005 年 CGSS 中 16~60 岁的拥有农村户口劳动力人口；回归模型为有序 Probit 回归模型。②表中括号里内数值为稳健性标准误，*** 表示该系数在检验水平 1%下显著、** 表示该系数在检验水平 5%下显著、* 表示该系数在检验水平 10%下显著。如没有特殊说明，之后的所有表格括号内汇报的数值与星号表示含义与此表一样。

2. 人力资本依然是就业模式选择的重要决定因素：自我评价健康程度和受教育程度

表 2 实证结果显示，就业者文化水平越高，非农就业概率越高，其择业模式更好、层次就越广，故而政府必须加强投资基础公共教育，从而提高农

民的文化素质，增加其人力资本积累，从而有利于促进农民向非农产业的流动。此外，高素质人群回流农村，也有利于该地区的长远发展。回归分析中使用自我评价的健康指数作为个人健康的代理变量，研究结果显示，随着健康状况越好，估计参数值呈递增趋势，显著的变化趋势表明健康作为人力资本的重要因素对个人进行就业模式选择有着重要的正边际效应（见表 2 和附录 A）。如果新农村建设中农村地区公共教育、健康卫生投入和健康知识传播积极配合，尤其是公共政策如若能结合新媒体的优势，那么农村人力资本要素积累（教育程度和健康程度）的作用将会更显著。

3. 互联网和移动互联网为代表的新媒体的使用覆盖对农村地区劳动市场就业状况有积极的正向影响

如表 2 所示，代表不同程度的互联网使用频率的虚拟变量都为正且显著，并且使用频率越高，系数越大。相对于从不使用互联网的群体而言，网络用户从待业向务农和非农就业转变的概率更大，网络使用对非农就业都有显著的正向影响。表 3 根据正态概率分布函数假设进一步计算出 2005 年和 2013 年互联网的使用频率对非农就业选择的边际影响。越经常性使用互联网的群体，对他们非农就业边际正影响越大，并且更显著。2013 年比 2005 年不同互联网使用频率对非农就业的边际影响略微大些。考虑到网络使用与就业模式选择之间可能存在的自我选择（Selection Problem）问题，我们使用每个调查年份内省级层面内互联网使用的平均频率密度作为代理变量，进行了稳健性分析并计算其边际影响大小。如表 3 所示，代理变量的边际影响估计结果表明互联网使用对非农就业的边际影响为显著正值（0.302），这同时也暗示了因果关系的存在。结合上文的理论机制分析和实证结果，可见新媒体也是农村经济发展的一个重要影响因素。新媒体通过对有价值信息的传播影响个体的人力资本，更新市场信息，改变农民择业的方式，从而对农民就业有正向影响。农民的价值观也因此受到影响，现代化的观念会使得其打破旧的思维和生产模式，从而提高他们非农就业的概率。

表 3 新媒体对农村非农就业的边际影响

使用频率的边际影响	2005 年	2013 年	2005 年和 2013 年
很少使用	0.354*** (0.027)	0.416*** (0.025)	0.383*** (0.025)
有时使用	0.360*** (0.030)	0.421*** (0.028)	0.389*** (0.029)
经常使用	0.364*** (0.029)	0.424*** (0.026)	0.392*** (0.027)
频繁使用	0.483*** (0.037)	0.532*** (0.033)	0.506*** (0.035)
互联网使用频率代理变量边际影响估计结果			
每年省级平均使用频率	0.271*** (0.006)	0.337*** (0.007)	0.302*** (0.005)

注：边际影响是基于表 2 中主要回归结果即样本 1 的回归结果计算得出。

为了检验主要实证结果（样本 1）的稳健性，表 2 中同时使用了农村户口人群（样本 2）进行有序 Probit 模型估计，其估计结果一致。此外，本文分别采用了子样本、分样本、不同的估计模型等方法（见表 4 和附表 A、附表 B）。如表 4 所示，我们直接采用是否就业（就业=1，失业=0）和个人工作数量总数（工作的多样性）作为因变量进行线性回归估计，就 2013 年数据分析新媒体使用频率对非农就业的边际影响。回归模型为线性概率模型，允许我们直接通过回归系数得出新媒体使用频率对非农就业的边际影响。虽然表 4 中有部分变量的估计参数显著性降低，但基本上可以发现频繁使用网络的人群的就业概率和非农就业概率得到了显著提高。表 2 至表 4 的所有估计结果得出一致的结论：新媒体的使用频率越高，个体越有可能从事非农就业，而代理变量（省级平均使用频率，表 3）的估计结果指出此正边际效应也是积极的因果关系。同时，经常使用互联网可以开发农民多种就业的可能性，使得他们的工作机会增多，就业日趋多元化，收入来源种类变多。

表 4　新媒体使用对农村就业多样性影响稳健性检验（2013 年 CGSS）

自变量 \ 因变量	①就业与否		②工作数量	
	样本 1 农村居民	样本 2 农村户口人群	样本 1 农村居民	样本 2 农村户口人群
互联网使用情况	基准组：从来不使用		基准组：从来不使用	
很少使用	0.008 (0.027)	0.025 (0.022)	0.078* (0.041)	0.101** (0.034)
有时使用	–0.003 (0.028)	0.036 (0.022)	0.057 (0.43)	0.065** (0.032)
经常使用	0.027 (0.030)	0.024 (0.023)	0.087** (0.042)	0.033 (0.031)
频繁使用	0.080** (0.034)	0.088*** (0.025)	0.141*** (0.047)	0.129** (0.035)
R^2	0.221	0.187	0.193	0.163
样本量	3275	4729	3275	4729
相关控制变量：常数项、性别、是否少数民族、婚姻状况、配偶就业状况、自身健康状况、自身教育文化程度、父亲的非农就业状况、家庭房产状况、家庭成员数量、每个年龄组固定效应和所属每个市或县的固定效应（2005 年数据为省份固定效应）				

注：①样本 1 为 2013 年 CGSS 全部 16~60 岁农村地区居住的劳动力人口，使用线性概率回归模型；样本 2 为 2013 年 CGSS 全部 16~60 岁农村户口拥有人口，使用线性回归模型。②无论使用哪一份样本，无论使用线性还是非线性概率回归模型，实证结果完全一致。

（二）新媒体的消费和使用对农村收入的影响

确定新媒体覆盖可以推动中国农村劳动力就业的日趋多元化后，本文进一步测量互联网的覆盖程度对农民的收入是否起到积极的促进作用。表 5 中，我们在农民总收入的线性回归模型中分析互联网使用可能会带来的影响。对于不同的样本群（2005 年农村居民、2013 年农村居民和混合横截面总样本），我们分别作两个回归，一个控制就业种类，另一个不控制就业种类。如表 5 所示，代表不同互联网使用频率的虚拟变量基本都为正值并且显著，也就是说，互联网的覆盖程度与农民的总收入存在正相关。

首先，我们可以发现互联网使用频率越高，系数越大越显著，与农民收

表 5　新媒体使用对农民居民收入的影响

重要自变量 \ 数据	2013 年 CGSS		2005 年 CGSS		2005 年和 2013 年 CGSS	
	①不控制未就业、农业就业及非农就业	②控制未就业、农业就业及非农就业	①不控制未就业、农业就业及非农就业	②控制未就业、农业就业及非农就业	①不控制未就业、农业就业及非农就业	②控制未就业、农业就业及非农就业
互联网使用情况	基准组：从来不使用		基准组：从来不使用		基准组：从来不使用	
很少使用	0.205 (0.247)	0.092 (0.203)	0.609*** (0.176)	0.482** (0.125)	0.145 (0.188)	0.031 (0.172)
有时使用	0.387** (0.273)	0.333 (0.259)	0.042 (0.600)	−0.144 (0.583)	0.331 (0.222)	0.210 (0.242)
经常使用	0.581** (0.271)	0.429* (0.212)	−0.468 (0.524)	−0.527 (0.498)	0.493*** (0.218)	0.349* (0.190)
频繁使用	0.923*** (0.329)	0.569* (0.289)	0.817* (0.438)	0.627* (0.36)	0.916*** (0.264)	0.532** (0.226)
就业状况	基准组：未就业		基准组：未就业		基准组：未就业	
= 1 农业就业	—	3.191*** (0.199)	—	1.353*** (0.283)	—	2.956*** (0.167)
= 2 非农就业	—	3.707*** (0.201)	—	2.159*** (0.285)	—	3.692*** (0.168)
R^2	0.288	0.397	0.183	0.254	0.194	0.347
样本量	3246	3246	3484	3484	6730	6730
相关控制变量：常数项、性别、年龄、年龄的平方、是否少数民族、婚姻状况、配偶就业状况、自身健康状况、自身教育文化程度、父亲的非农就业状况、家庭房产状况、家庭成员数量、每个年龄组固定效应和所属每个市或县的固定效应（2005 年数据为省份固定效应）						

注：①样本为 2013 年 CGSS 和 2005 年 CGSS 中 16~60 岁农村居住人口、因变量为年收入取自然对数，如果收入为 0，收入取对数后依然恢复为 0；②表中括号里内数值为稳健性标准误，***表示该系数在检验水平 1%下显著、** 表示该系数在检验水平 5%下显著、* 表示该系数在检验水平 10%下显著；③与农村户口人群样本的估计结果完全一致。

入的正相关性越大。这一规律暗示了越大概率地接触新媒体，可以改变自然形成的乡村隔绝状态，越有可能接受传播中的现代观念和农业政策、科技、市场等信息，其视野也有可能更开阔，从而越有可能致富。

其次，我们通过就业种类变量的系数差异看到，非农就业（即纯非农就业和混合就业）的群体获得的收入比务农的人群高。考虑到生产效率的提高和农业的小规模生产特征，农民的农业转非农就业的模式的确体现了农村人口生活水平的提高。

最后，比较互联网使用频率虚拟变量组系数在控制工作类型前后的变化，我们可以发现控制了就业种类后，互联网使用频率变量组的回归系数变小，部分正显著，部分不再显著。这一变化告诉我们，就业模式升级是新媒体对农村生活水平的影响的重要途径。如第二部分中影响机制预测的一样，新媒体可以直接通过科技传播、农业信息服务和市场信息的更新促进农民农转非就业从而提高收入水平。此外，控制工作种类后部分关键变量仍然正显著，表明了互联网的使用、新媒体信息传播对农民生活水平存在直接的积极影响。

五、总结和政策建议

以互联网及移动互联网为代表的新媒体在中国新农村经济建设中发挥着重要作用。本文基于历年 CNNIC《中国互联网络发展状况统计报告》和 CGSS《全国性微观调查数据》（2005 年和 2013 年）进行实证研究，发现新媒体的使用直接或间接地促进农民的非农就业，使得农村就业多元化，在提高农村收入水平中发挥积极作用，并且这些积极的正面效应随互联网在农村覆盖面的扩大而增强。在影响机制中，主要渠道包括在农村地区进行有效农业信息传播、市场信息更新和现代化观念普及等。结合中国城乡互联网覆盖的空间差异和农村存在剩余劳动力、城乡收入差距加剧的现状分析，政府如加大乡村和中西部地区的互联网及移动互联网的覆盖，进行有效信息传播，发挥新媒体在农村经济中的积极作用，不仅可以改善农村就业状况和生活水平，也有利于缩小城乡差距，平衡地区发展。

结合实证结论，本文提出的具体政策建议如下：

（1）针对农村地区不使用网络的主要原因是没有设备和不会使用设备这一现状，政府部门应加大农村和西部地区互联网覆盖基础设施建设和设备投入，降低农村接触新媒体的成本，并提供专门的设备使用培训，比如简易教程和试听新媒体相结合。

（2）政府在农村地区的公共教育和公共卫生投入应和新媒体的高效率、低成本特征相结合，更好地促进农村地区农民人力资本的积累。

（3）考虑到信息大爆炸时代潜在的混淆性，新媒体信息传播中应该侧重于推广有效农业信息传播和正确价值观的现代观念传播，及时低成本地传递市场更新信息和生产技术信息，提高农民素质。

（4）针对非农就业模式的开拓，除了针对劳动力供给方（农民）的及时市场更新信息传递之外，更要注意农民思维方式与价值观念改变的培养，使其敢于、乐于接受新事物、新观念，相信教育和科学，从而使其发挥主观能动性。

（5）针对劳动力需求方（乡镇非农企业和农业企业），公共政策应善于利用互联网及移动互联网信息传递的低成本性和高效性，促进乡镇企业发展，提高生产效率，改善生产模式。

（6）在农村推广网络覆盖的过程中，要注意现有网络信息传播的虚假信息及错误价值导向，比如关注部分青少年沉迷网络的问题，防微杜渐。

附　录

附录 A

附表 A　新媒体对农村非农就业的影响

	① 2013 年 CGSS		②2005 年 CGSS	
	样本 1 农村居民	样本 2 农村户口人群	样本 1 农村居民	样本 2 农村户口人群
互联网使用情况	基准组：从来不使用		基准组：从来不使用	
很少使用	0.105*** (0.034)	0.111*** (0.025)	0.134*** (0.073)	0.138** (0.065)
有时使用	0.122*** (0.034)	0.118*** (0.023)	0.103 (0.124)	0.106 (0.095)
经常使用	0.112*** (0.036)	0.117*** (0.023)	0.264*** (0.079)	0.240*** (0.046)
频繁使用	0.146*** (0.037)	0.112*** (0.024)	0.363*** (0.091)	0.306*** (0.058)
父亲非农就业	0.083*** (0.022)	0.079*** (0.016)	0.059*** (0.014)	0.060*** (0.014)
配偶失业	0.064** (0.026)	0.070*** (0.019)	0.150*** (0.021)	0.149** (0.021)
自身文化程度	基准组：没上过学		基准组：没上过学	
小学教育	0.098** (0.029)	0.083*** (0.028)	−0.005 (0.014)	0.003 (0.014)
初中教育	0.178*** (0.031)	0.189*** (0.028)	0.100*** (0.018)	0.119*** (0.018)
高中教育	0.270*** (0.039)	0.237*** (0.032)	0.137*** (0.028)	0.158*** (0.027)
大专及以上	0.312*** (0.052)	0.274*** (0.035)	0.569*** (0.062)	0.407*** (0.087)

续表

	① 2013 年 CGSS		②2005 年 CGSS	
	样本 1 农村居民	样本 2 农村户口人群	样本 1 农村居民	样本 2 农村户口人群
健康状况	基准组：很不健康		基准组：很不健康	
比较不健康	0.068 (0.067)	0.073 (0.058)	0.078** (0.030)	0.069* (0.037)
一般	0.090 (0.064)	0.093* (0.057)	0.062** (0.031)	0.047 (0.036)
比较健康	0.078 (0.064)	0.093* (0.055)	0.110*** (0.030)	0.101*** (0.035)
很健康	0.098 (0.065)	0.114** (0.055)	0.109*** (0.032)	0.089** (0.037)
R^2	0.350	0.384	0.275	0.351
样本量	2570	3609	3543	3748
相关控制变量：常数项、性别、是否少数民族、婚姻状况、家庭房产状况、家庭成员数量、每个年龄组固定效应和所属每个市或县的固定效应（2005 年数据为省份固定效应）				

注：样本 1 为 16~60 岁农村现就业劳动力人口，不含未就业人群。因变量为非农就业的虚拟变量，使用线性概率回归模型。样本 2 为 16~60 岁拥有农村户口的现就业劳动力人口，不含未就业人群。因变量为非农就业虚拟变量，使用线性回归模型。

附录B

附表 B 新媒体使用对农村非农就业影响稳健性检验

	2013 年 CGSS		2005 年 CGSS	
	①农村地区居民 Probit 模型	②1965~1985 年出生农村居民	①农村地区居民 Probit 模型	②1965~1985 年出生农村居民
互联网使用情况	基准组：从来不使用		基准组：从来不使用	
很少使用	0.388*** (0.111)	0.064 (0.044)	0.468* (0.237)	0.157** (0.079)
有时使用	0.477*** (0.127)	0.122*** (0.046)	0.187 (0.391)	0.180 (0.115)
经常使用	0.433*** (0.134)	0.128** (0.051)	0.757*** (0.283)	0.300*** (0.080)

续表

	2013 年 CGSS		2005 年 CGSS	
	①农村地区居民 Probit 模型	②1965~1985 年出生农村居民	①农村地区居民 Probit 模型	②1965~1985 年出生农村居民
互联网使用情况	基准组：从来不使用		基准组：从来不使用	
频繁使用	0.840** (0.171)	0.112* (0.057)	1.342*** (0.438)	0.390*** (0.124)
R^2	0.312	0.260	0.289	0.276
样本量	2517	1362	3524	1681
相关控制变量：常数项、性别、是否少数民族、婚姻状况、配偶就业状况、自身健康状况、自身教育文化程度、父亲的非农就业状况、家庭房产状况、家庭成员数量、每个年龄组固定效应和所属每个市或县的固定效应（2005 年数据为省份固定效应）				

注：样本①为 2013 年 CGSS 和 2005 年 CGSS 中 16~60 岁农村现就业劳动力人口，因变量为非农就业的虚拟变量，使用 Probit 概率回归模型。样本②为 2013 年 CGSS 和 2005 年 CGSS 中在 1965~1985 年出生的农村现从业劳动力人口，因变量为非农就业虚拟变量，使用线性概率回归模型。

参考文献

[1] 才让卓玛. 2009 年新媒体与传统媒体发展研究综述 [J]. 现代视听，2010（1）：12-16.

[2] 蔡昉，王美艳. 农村劳动力剩余及其相关事实的重新考察 [J]. 中国农村经济，2007（10）：4-12.

[3] 蔡昉，王德文. 经济增长成分变化和农民收入源泉 [J]. 管理世界，2005（5）：77-83.

[4] 陈莉. 网络时代农业信息传播方式的新特征分析 [J]. 农村经济与科技卷，2009（8）：99-100.

[5] 陈昆玉，江宇. 我国传播学实证研究的进步与不足——对 20 世纪 90 年代以来传播学实证性研究报告的统计分析 [J]. 当代传播，2002（4）：10-13.

[6] 陈有富. 网络环境下农业信息服务机构面临的挑战与机遇 [J]. 农业图书情报学刊，2002（2）：58-60.

[7] 迟凤玲. 农业科技信息传播对农业发展的促进作用及其发展趋势 [J]. 农业展望，2008（6）：41-43.

[8] 陈力丹，陈俊妮. 论传媒在“新农村”建设中的作用 [J]. 当代传播，2006 (3)：4-7.

[9] 邓香莲. 新媒体环境的信息传播特征 [J]. 编辑学刊，2011 (2)：27-29.

[10] 方晓红. 大众传媒与农村 [M]. 北京：中华书局，2002.

[11] 方晓红. 经济信息在苏南农村的传播现状调查研究 [J]. 新闻与传播研究，2002 (4)：47-55.

[12] 冯长福. 传媒信息服务在农民增收中的作用 [J]. 理论与思考，2007 (6)：10-11.

[13] 高红波. 新媒体需求与使用对农民现代化观念影响的实证研究——以河南巩义农村用户为例 [J]. 新闻与传播研究，2013 (7)：80-99.

[14] 高红波. 新媒体对农民现代化观念提升的作用与价值 [J]. 新闻与传播研究，2013 (7)：43-48.

[15] 李宴群. 基于网络环境下的大学生就业问题研究 [J]. 黑龙江社会科学，2010 (4)：151-154.

[16] 乐章，于长永，许汉石. 农民就业问题研究 [J]. 人口与经济，2010 (3)：34-40.

[17] 林坚，李德洗. 非农就业与粮食生产：替代抑或互补基于粮食主产区农户视角的分析 [J]. 中国农村经济，2013 (9)：54-62.

[18] 刘建进. 中国农村就业基本状况//蔡昉（主编）. 中国人口与劳动问题报告——城乡就业问题与对策 [M]. 北京：社会科学文献出版社，2002.

[19] 申明浩，周林刚. 农民就业选择制约因素的实证研究 [J]. 财经研究，2004 (202)：53-57.

[20] 覃宪儒，罗诚，严壮锋. 运用网络信息化手段促进大学生就业的思考 [J]. 学术论坛，2005 (11)：190-193.

[21] 肖建彬，杨帆. 关于我国高校利用网络进行就业指导的调查研究 [J]. 高教探索，2005 (5)：82-86.

[22] 岳琳. 移动互联网时代——基于新媒体的农村信息传播策略思考 [J]. 新闻界，2014 (23)：48-54.

[23] 约翰·奈特，邓曲恒，李实. 中国的民工荒与农村剩余劳动力 [J]. 管理世界，

2011（11）：12–28.

[24] 张宁，方晓红. 加强农村传播 服务农村发展——“农村经济社会发展与媒介传播”学术研讨会综述［J］. 新闻记者，2002（12）：67.

[25] 郑美玉. 因特网上的农业科技信息资源及其利用［J］. 福建农业大学学报（社会科学版），2000（4）：62–64.

[26] 张绍程. 手机短信功能在兰州农业科技信息传播中的优势［J］. 中国农业信息，2010（12）：41–42.

[27] Christiaensen L.，De Weerdt J. and Todo Y. Urbanization and Poverty Reduction：The Role of Rural Diversification and Secondary Towns［J］. Agricultural Economics，2013（44）：435–447.

[28] Furuholt B.，Kristiansen S. A Rural–urban Digital Divide? Regional Aspects of Internet Use in Tanzania［J］. The Electronic Journal on Information Systems in Developing Countries，2007（31，6）：1–15.

[29] Hindman，Blanks Douglas. The Rural–Urban Digital Divide［J］. Journalism and Mass Communication，2000，77（3）：549–560.

[30] Janvry，de Alain and Sadoulet，Elisabeth. Rural Poverty in Latin America Determinants and Exit Paths［J］. Food Policy，2000（25）：389–409.

[31] Litan，E. Robert and Rivlin，M. Alice. Projecting the Economic Impact of the Internet［J］. The American Economic Review Papers and Proceedings，2001（91）：313–317.

[32] Luan，Jiang and Chen，Jian–cheng，He，Zhong–wei，Li，Qiang，Qiu and Huan–guang. The Education Treatment Effect on the Non–Farm Income of Chinese Western Rural Labors［J］. China Agricultural Economic Review，2015（7）：122–142.

[33] Richardson，Don. The Internet and Rural and Agricultural Development：An Integrated Approach［J］. Communication for Development（Mission Document of the Food and Agriculture Organization of the United Nations），1998（1）：7–14.

[34] Reardon，Thomas and Berdegué，Julio. Rural Nonfarm Employment and Incomes in Latin America：Overview and Policy Implications［J］. World Development，2001，3（29）：

395–409.

[35] Rogers M. Everett. Modernization among Peasants：The Impact of Communication [M]. Holt，Rinehart and Winston，Inc，1969.

[36] Zhao Jinqiu，Hao Xiaoming，Indrajit Banerjee. The Diffusion of the Internet and Rural Development Convergence [J]. The International Journal of Research into New Media Technologies，2006（12）：293–305.

周　冬

我国互联网对婚姻决策的影响

【摘　要】本文采用 2010 年中国家庭追踪调查数据研究互联网使用和婚姻决策关系。采用多维度量指标和线性回归模型，本文发现互联网的使用直接或间接地影响人们是否保持不婚、婚姻不稳定性甚至离婚的决定，对前两种情况影响尤为显著，这也在一定程度上解释了为什么人们晚婚的现象更加普遍化；互联网使用对女性的婚姻决策影响比男性更为显著，30~50 岁的人群更容易受互联网的影响而离婚。本文的局限在于只针对人们对互联网的使用状况和当前婚姻状况的相关性进行了检验，没有剔除反向影响的可能性。

【关键词】互联网使用；晚婚；婚姻决策不稳定性；相关性

一、导论

当今社会，全民晚婚已经成为常态。根据北京大学社会调查研究中心的调查数据显示，我国初婚年龄主要集中在 20~25 岁，男性晚婚（25 岁及以上）的人群占 63.29%，女性晚婚（23 岁及以上）的人群占 83.07%。晚婚现象在我国大城市愈加明显，对城市生活的各个方面都产生了不小的冲击。这是因为晚婚可能降低生育率，从而降低青壮年占劳动力的比例，进而带来老龄化社会的一系列问题（张晶裔，2016）。对国家而言，人口老龄化不仅对国家财政带来巨大的负担，也给劳动力规模、医疗保险制度、社会生产率等方面增加了压力（郝春霞，2012）。根据国家统计局数据显示，近五年的结婚登记人数逐年减少，离婚率却不断升高，这对社会的稳定性产生了不小的影响。因此，婚姻决策不仅是个人生活的重要决定，也影响着社会的稳定发展。

在我国，青年晚婚已经成为一种现象和趋势，而造成这种趋势的原因可能是：不断延长的受教育年限使青年的结婚时间相应推迟（蒋平，2010）；从个人感情观念和心理状态看，很多晚婚甚至不婚青年对于感情过于理想化，如果不是他们所希望的或者幻想之中的感情，他们宁愿坚守自己也不要委曲求全（李冬阳，2014）；社会经济和文明的不断发展，促使女性地位不断提升，女性愈加经济独立，从而导致晚婚甚至不婚主义（李美景，2012）；社会文化的变迁，将青年人从各种束缚和羁绊中解脱出来，加上西方文化的影响，青年人的价值观和行为发生了巨大变化，个人的婚姻决策更多取决于个人喜好，晚婚或单身成为一种潮流（杜双燕，2008）；等等。国内离婚率不断升高，离婚的主要原因有：婚外情、性格不合、性生活不和谐等（张伟，2001；易松国，2005）。然而，人们的婚姻决策是否也和信息化的社会有关呢？互联网的飞速发展不仅便利了人们的物质生活，也影响了人们的精神生活和行为方式等，由于网络提供了很多的社交平台，人们可以有更多的渠道接触到更广泛的社交圈，从而提高婚姻配对。但互联网对个人的婚姻决策也会造成不良影响，例如网络婚姻、网络色情、虚幻浪漫婚姻预期等会对个人的恋爱以及婚姻造成威胁。故而，互联网使用对个人婚姻决策的影响理论上并没有统一的定论，这是一个值得实证研究的问题。如果互联网使用对个人决策有重要影响，这对于个人乃至社会都会带来重要启示。

本文框架：第一部分为导论；第二部分为文献综述；第三部分为数据、变量与研究方法；第四部分为实证模型和实证结果；第五部分为总结和政策建议。

二、文献综述

作为一种新兴的、功能强大的信息技术，以互联网为代表的新媒体对个人的社交方式、生活方式、家庭组建乃至社会网络的构建产生了深刻的影响。Mccown 等（2001）指出，互联网已经成为受欢迎的人际交往的媒介，网络用户普遍认为互联网是开拓社交圈有效且安全的途径。主要原因在于互联网将物理空间转换为电子空间，有血有肉的人被虚拟化为数字与符号，传统的时空局限被突破，交往实现了远程性、即时性、开放性、交互性及广域性（郑百灵和谢建社，2004）。刘兰（2016）发现，互联网对人们的行为、生活方式等影响巨大，彻底改变了人们的闲暇时间的消遣方式、消费方式、政治参与方式等。但恰恰由于互联网非实体接触性和虚拟数字符号性质，其在推广覆盖过程中也引发了不少问题。例如，互联网过度使用会让人孤单感倍增，而越孤独的人越依赖于互联网使用，两者之间存在双向关系（刘旺和黄克乐，2011；Amichai-Hamburger and Elisheva，2003；Morahan-Martin，1999）。另外，部分研究发现网络使用频繁者或互联网使用不合理者更倾向于有情感能力匮乏问题，拥有低质量的人际关系（Engelberg and Sjöberg，2004；Milani and Osualdella，2009）。换言之，互联网使用依赖性越强，个人的人际交往能力越贫乏。无论是互联网对个人休闲娱乐、消费方式、与人交往的改变，还是对个人社交能力和人际关系的改变，这些变化都将影响个人婚姻决策和家庭组建。

个人婚姻决策（Marital Decision）具体包括初婚时间、保持单身、离婚和再婚等，其选择性单身，或同居、离婚往往被认为不稳定的婚姻决策（Marital Instability）。现有文献论述个人婚姻决策的影响因素繁多且复杂。总体而言，可以分为个人、家庭和社会三个层面上的因素（Bradbury，Fincham and Beach，2000）。

个人因素主要包括受教育程度、人品、信仰、外貌、年龄、经济收入、住房等。戚杰强和谭燕瑜（2008）对广西居民收入水平和婚姻状况进行相关性分析，研究发现，与低收入人群相比，高收入人群更有可能未婚，保持单身。对于男性来说，收入水平对于婚姻状况是至关重要的。故而，经济收入水平也是影响婚姻状况变化的因素之一。何俊峰等（2013）发现，徐州市居民文化程度对未婚人口比重存在影响，随着受教育程度的提高和年龄的增长，未婚人口比重下降速度加快。故而文化水平和婚姻状况具有相关性。国建等（2015）发现，青年人的婚姻满意度与品格优势的关系密切。具有较好的品格优势的人，能更好地处理好婚姻因素，因而婚姻满意度更高。人品是选择配偶的重要决定因素。据《青年蓝皮书：中国青年发展报告（2014）》第2期中的《流动时代下的安居》显示，高达94.85%的城市女青年认为住房和幸福生活相关，而男性在婚姻决策中对稳定住房的重视不亚于女性。婚姻决策中，是否拥有房产也至关重要。

家庭因素主要包括父母的教养方式、父母的婚姻状况、家庭氛围等。父母的热忱热情、希望乐观、爱与被爱和感恩的优秀品格和子女的生活满意度相关，这也影响着子女的婚姻观，乃至对他们的婚姻决策都有着潜在影响（Park and Peterson，2006）。父母婚姻关系能促进婚恋价值取向的代际传递，也就是说，个人的婚恋观和婚姻决策受到来自原生家庭父母的感情状况、相处互动模式、家庭气氛、家庭背景等多方面的影响（陈妤，2016）。在此基础上，童辉杰等（2015）发现，同性亲子间的价值取向传递更易受父母婚姻关系好坏的影响。

社会因素主要包括工作环境、社区文化氛围、传统观念等（肖芳，2012）。蔡玲（2013）通过实证研究发现，居民与社区邻里的互动有助于提升婚姻满意的自评水准，而婚姻满意度提升会降低离婚率，影响个人婚姻决策。谭仁杰（1995）提出经济发展影响人们的成婚因素及婚姻方式，不同的经济背景会不同程度地导向人们的婚姻选择和婚姻发展。例如在中国，经济发展水平和生活水平较高地区的人群，更容易做出晚婚晚育的选择。市场经济的发展使青年自我重视的程度有所加重，青年社会化程度的提高促使青年倾向于晚婚（董云虎和谷盛开，1998）。李琼英（2008）通过研究我国历史的离婚制度演变发现，社会经济和社会文明的不断发展，使得女性地位不断提升，如今社会女性变得比以往任何时候都独立，这在一定程度上迫使离婚数量提升，离婚手续更加简化。由上述分析发现，个人婚姻决策的因素复杂，并且各个因素之间都存在一定的关联，并不是单一的因素就能导致最终结果。

如前文所述，随着社会进步，科技水平的不断提高，互联网也在潜移默化地影响着个人的婚姻决策，但关于两者关系的实证研究依然较为缺乏。

首先，针对单身青年，互联网影响其初婚决策的可能途径很多。第一，互联网让人们的日常通信、活动和交易等变得更加便捷，并且接触的渠道更加多样化，可降低寻找成本（Searching Cost）、扩大社交圈和扩大可选配偶集。Cooper 等（2000）就提出互联网已经成为美国人们寻找另一半的新选择。Thomas（2012）也提到除了传统线下社交网络之外，互联网是年轻人最喜欢的社会网络。虽然受限于数据，无法证明互联网对重婚或离婚决策的影响，但 Bellou（2013）发现，在美国，互联网可以有效地显著影响人们第一次婚姻决策，提高结婚概率。虽然互联网在一定程度上改变了婚姻市场的匹配难度和匹配成本，这种网上的匹配方式是否比传统的方式质量好是暂时无法评估的（Stevenson and Wolfers，2007）。第二，互联网的使用似乎对社会资本积累产生了负面影响。由于缺乏完善的监管机制，网络上虚假信息流行降低了社会信任程度（李伟波，2006）。过多使用互联网，大大减少了青年线下的社交时间，降低其社交能力（Engelberg and Sjöberg，2004）。居民社会信任和社交能力的下降，这些负面影响一定程度上提高了婚配成本，降低了青年结婚概率。第三，青年，尤其是女性，通过互联网的娱乐功能使用，更多接触与生活脱离的爱情戏剧（如韩剧），提高了对另一半的预期，从而降低了接受现实男性求婚的概率（郭瑾，2017）。可见，互联网对未婚人群的婚姻决策有正向和负向作用，最终定论是一个实证问题，有待我们采用全国性微观数据进行检验。

其次，互联网的使用对在婚人群也存在一定程度上的影响。第一，互联网对已婚人群的婚姻质量产生影响。互联网开拓了人们接触性教育和性健康的途径（Barak and Fisher，2001），但不健康的性信息也会随之暴露。例如，Jill（2006）通过定性和定量的研究发现，网络色情对降低夫妻间的性满意度有显著影响，并且会威胁到婚姻关系。由于互联网的存在，人们接触到的肥皂剧愈加增多，Thompson（2017）发现，居住在肥皂剧盛行的巴西地区，女性的生育率明显降低。这对于婚姻的质量和稳定会造成一定的负面影响，从而导致离婚。互联网的过多使用会导致低情商（EI），并且无法平衡工作和休闲时间（Engelberg and Sjöberg，2004），家庭沟通也会受到影响，从而降低婚姻质量。第二，互联网冲击了婚姻的伦理道德和形式。一是伦理道德上的不忠，李谡和王天策（2011）指出，互联网在一定程度上会导致夫妻关系淡化以及伦理道德弱化。王克先（2012）指出，互联网是婚外情或夫妻离婚的重要原因，这是因为互联网让人们出轨的途径增多，搜索成本降低。二是新型网络虚拟婚姻形式的冲击，依托于科技大发展时代背景下的互联网技术不断变化，网络虚拟婚姻作为一种源自现实婚姻却又区别于现实婚姻的一种新兴婚姻关系，不但对现实婚姻形成冲击，也对传统家庭伦理观造成威胁（俞玉兰，2012；阮姗姗，2013）。李晓敏（2014）利用中国 31 个省份 2003~2012 年的面板数据，研究发现互联网普及率对离婚率有显著的正向影响。简言之，互联网对已婚人群的婚姻决策影响的研究多归于理论阐释，缺乏微观实证证据支持。

总体而言，现有研究探讨互联网如何影响个人的婚姻决策的文献依然匮乏，大部分从伦理学、法学或社会学的角度进行描述性理论探讨，缺乏微观数据层面的证据。本文将从定量研究的方法出发，采用全国代表性微观数据，实证研究互联网使用和个人婚姻决策的关系，充实相关领域的研究成果。

三、数据、变量与研究方法

（一）数据来源

本文所使用的数据来自 2010 年中国家庭追踪调查（China Family Panel Studies，CFPS），CFPS 重点关注中国居民的经济与非经济福利，以及包括经济活动、教育成果、家庭关系与家庭动态、人口迁移、健康等在内的诸多研究主题，是一项全国性、大规模、多学科的社会跟踪调查项目。2010 年，调查覆盖北京、河北、江苏、浙江、四川、广东等省（市、自治区），目标样本规模为户，调查对象包含样本家户中的全部家庭成员 33600。本文的核心问题是研究互联网对人们婚姻决策的影响，故而选取了 25~45 岁非在校学生适婚青年样本。选择样本的主要依据是 2010 年全国人口普查，平均结婚年龄在 24~25 岁间，45 岁以上人口大部分婚姻决策已经完成，同时在读的学生因为有学业，很少会考虑到结婚并且使用互联网的时间多用于学业，具有其特殊性。经过严格的数据处理和筛选后，最终获得 12210 个分析样本。

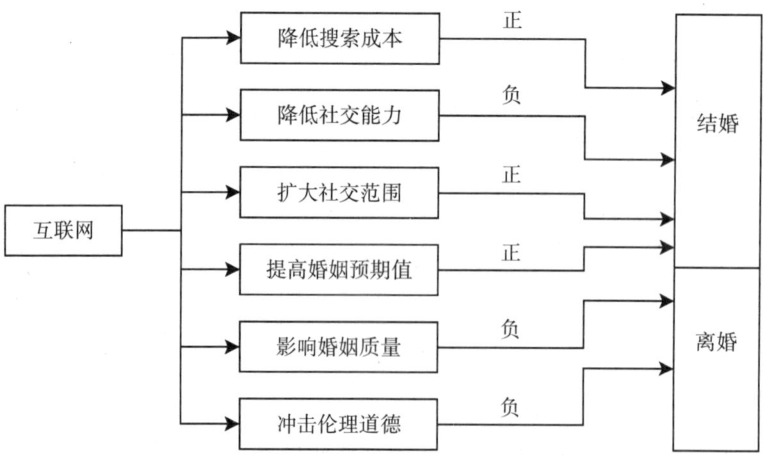

图 1　互联网使用对婚姻决策的影响机制

（二）变量度量

1. 因变量

调查问卷中详细咨询了受访者的婚姻状况及经历。本文不考虑丧偶的情况，最终关注的因变量为三个：一是是否保持单身；二是是否有离婚经历；三是婚姻不稳定性（单身、离过婚、选择同居）。第一个主要因变量，受访者 25 岁及以上依然保持单身，抗拒婚姻，如果受访者选择单身，那么赋值为 1，否则赋值为 0，基本样本为排除掉丧偶和极其少量拒绝回答的样本后的全部受访者。第二个因变量关注受访者是否有离婚经历，基本样本为有婚姻经历的人群，因此需要在样本中将未婚、同居的人群排除。给离婚和再婚的样本赋值 1，其他则为 0。第三个变量关注 25 岁以上未婚、同居和离婚的人群，赋值为 1，其他则为 0。

2. 主要解释变量

本文度量互联网的使用，可分为：是否使用互联网，平均每日互联网非工作使用时间以及网络社交。第一个度量为虚拟变量，1 为使用，0 为未曾使用互联网。第二个度量为连续变量，通过利用问卷给出的工作日的平均互联网使用时间和周末互联网的平均使用时间，加权平均后计算而来。第三个变量则反映受访者互联网网络社交的状况。结合三种度量，本文可从不同角度、不同方面反映受访者互联网的使用状况，尤其关注互联网的社交使用状况。

3. 控制变量

在多元变量回归中，其他控制变量具体包括受访者的年龄、收入、受教育程度、性别、户口、身高、个人幸福感、民族、BMI 指数、时间趋势、年龄和省份的固定效应等。在很多文献中，个人收入与婚姻状况已被多次研究和证明，收入对婚姻影响显著；男女对待婚姻决策不同，因此性别需要控制；张溢（2012）通过采用 2002~2006 年中国城镇居民的抽样调查数据建立计量模型发现，女性的受教育程度也对婚姻的稳定性有影响，文化程度越高的女性其离婚的可能性越小，婚姻质量也越高。因此，个人的受教育程度对于婚姻决策影响明显；对于个人幸福感来说，前文提到互联网和独孤感是双向影响关系，而独孤感是个人幸福感的重要组成部分，所以本文在回归中剔除了收入、教育、外貌特征（身高和 BMI 指数）、抑郁性人格（幸福感）等因素的影响。

（三）统计描述

表 1　变量的描述性统计

变量名称	样本数	平均值	标准差	最小值	最大值
因变量					
是否保持单身	12582	0.0624702	0.2420172	0	1
预测变量					
是否使用互联网	12673	0.2266235	0.4186635	0	1
控制变量					
年龄	12674	36.4297	5.921765	25	45
收入	12574	7.035056	3.978089	0	13.30469
受教育程度					
文盲/半文盲	12674	0.2016727	0.4012649	0	1
小学教育	12674	0.234338	0.4236011	0	1
初中教育	12674	0.3376992	0.4729441	0	1
高中教育	12674	0.1177213	0.3222906	0	1
高等教育	12674	0.1085687	0.3111096	0	1
教育	12674	2.697175	1.225333	1	5
性别	12674	0.5276156	0.4992565	0	1
户口	12669	0.7212093	0.4484221	0	1
身高	12505	164.2818	7.706856	65	197
幸福感	12656	3.830041	1.017485	1	5
省份	12648	38.57606	14.96384	11	65
民族	12647	0.9051949	0.2929571	0	1
BMI	12443	22.56538	3.231855	8.2	59.2

注：本文主要实证样本 2010 年家庭追踪调查（CFPS）25~45 岁非在校适婚人口。

表 1 是主要变量的描述性统计结果。样本的单身率为 6.2%，90.5%的人为汉族。25~45 岁受访者中使用互联网的样本占 22.6%，平均年龄 36.4 岁，标准差为 5.93。对数收入最大值为 13.30，均值是 7.04，标准差为

3.98。受教育程度被分为五个层次：文盲/半文盲、小学教育、初中教育、高中教育和高等教育（包含本科、硕士和博士），并且按照这个顺序对其进行1~5的赋值，数值越大代表受教育程度越高。文盲人群和只有小学水平的人群均值都在21%左右，初中教育占比33.8%，标准差为0.473，高中和高等教育水平均值相差无几，都在0.11左右，标准差分别为0.3222和0.3111。从Stata数据分析来看，变量受教育程度中高等教育人群最少，文盲和初中水平人群最多。变量性别平均值为0.528，标准差为0.50，说明样本中男女人数较为平均。户口则分为农村户口，标记为1，非农户口标记为0；72.1%为农村户口。受访者身高的均值为164.28厘米，标准差为7.707。幸福感分为5个程度，平均值为3.83。身体健康指数（BMI）平均值为22.565，标准差为3.23，成人的BMI正常数值在18.5~23.9，因此样本的健康人群较多。

在表2中，我们对主要的11个变量（是否使用互联网、保持单身、年龄、收入、教育、性别、户口、身高、幸福感、民族、身体健康指数）进行了相关关系的矩阵分析。结果发现受访者是否保持单身与其是否使用互联网显著正相关，相关系数为0.1904，受访者是否使用互联网和保持单身与年龄均呈负相关，在回归模型中，我们将控制年龄消除时间趋势上的影响，和控制年龄组虚拟变量进行年龄组内比较消除各个年龄固有差异影响。一般来说，受教育程度越高的人使用互联网越多，未婚的比率也越高。

表 2　相关系数矩阵

相关系数	BMI	民族	幸福感	身高	户口	性别	教育	收入	年龄	是否保持单身	是否使用互联网
是否使用互联网											1
是否保持单身										1	0.1904*
年龄									1	–0.2555*	–0.3164*
收入								1	–0.0116	0.0470*	0.2133*
教育							1	0.2719*	–0.2322*	0.1225*	0.5426*
性别						1	–0.1188*	–0.3518*	–0.007	–0.1413*	–0.0934*
户口					1	0.0241*	–0.5629*	–0.1829*	0.0771*	–0.0932*	–0.4173*
身高				1	–0.1408*	–0.6747*	0.2257*	0.2729*	–0.0848*	0.1062*	0.1765*
幸福感			1	0.0543*	–0.1030*	0.0322*	0.1693*	0.0314*	–0.0829*	–0.0881*	0.1058*
民族		1	0.0500*	0.1100*	–0.0947*	–0.0099	0.1500*	0.0425*	0.0418*	–0.0012	0.0842*
BMI	1	0.0601*	0.0774*	0.1035*	–0.0527*	–0.1373*	0.0446*	0.0503*	0.1040*	–0.0745*	0.0003

注：* 表示在 1%的显著水平下显著。

四、实证模型和实证结果

（一）实证模型

本文主要讨论互联网使用对个人婚姻决策的影响。本文重点分析个人婚姻决策（Marriage Decision）的三种具体情况：是否保持单身、是否有过离婚经历、婚姻不稳定性。笔者在个人婚姻决策理论和本文理论框架的基础上，结合现有的相关实证研究，构建如下基本多元变量线性回归模型：

模型一：

$$marriage\ decision_i = \beta_0 + \beta_1 internet\ utilization_i + \sum \beta_j X_i + \varepsilon_i$$

式中，i 代表受访者 i，$marriage\ decision_i$ 为因变量，包括看是否单身、离婚和婚姻的不稳定性；$internet\ utilization_i$ 为主要的预测变量，度量受访者是否使用互联网的虚拟变量；X_i 为其他控制变量；β_1 为互联网使用对个体婚姻决策的边际效应；β_j 为其他控制变量的系数；ε_i 为随机误差项。

模型二：

$$marriage\ decision_i = \beta_0 + \beta_1 hours\ on\ internet\ per\ day_i + \sum \beta_i X_i + \varepsilon_i$$

式中，i 代表受访者 i，$marriage\ decision_i$ 为因变量，包括看是否单身、离婚和婚姻的不稳定性；$hours\ on\ internet\ per\ day_i$ 是受访者平均每日花在互联网上的非工作时间；X_i 为其他控制变量；β_1 为互联网使用对个体婚姻决策的边际效应；β_i 为其他控制变量的系数；ε_i 为随机误差项。

模型三：

$$marriage\ decision_i = \beta_0 + \beta_1 Online\ Social_i + \sum\beta_i X_i + \varepsilon_i$$

式中，i 代表受访者 i， $marriage\ decision_i$ 为因变量，包括看是否单身、离婚和婚姻的不稳定性；$Online\ Social_i$ 是受访者网络社交的状况；X_i 为其他控制变量；β_1 为互联网使用对个体婚姻决策的边际效应；β_i 为其他控制变量的系数；ε_i 为随机误差项。

表 3 至表 5 将展示以上多元变量线性模型的回归结果，受限于篇幅，笔者只展示主要兴趣变量在互联网使用状况的系数。系数 β_1 反映了在同一省份内同样年龄组中剔除时间趋势、外貌和健康（身高和 BMI）、抑郁人格（幸福感）、教育、收入、民族、性别等因素影响后互联网使用如何影响该受访者的婚姻决策的边际效应。

（二）实证结果

表 3　是否使用互联网对婚姻决策的影响

样本	①全部	②男性	③女性
面板 A	是否保持单身（虚拟变量 0~1）		
是否使用互联网	0.037*** (−0.007)	0.021*** (−0.008)	0.048*** (−0.011)
常数项	0.221 (−0.289)	−0.134 (−0.22)	0.428 (−0.528)
观测值	12210	6360	5850
R^2	0.168	0.147	0.198
面板 B	离婚经历（虚拟变量 0~1）		
是否使用互联网	0.005 (−0.007)	0.002 (−0.01)	0.007 (−0.009)
常数项	0.641 (−0.498)	0.766 (−0.653)	0.477 (−0.754)
样本量	11460	6171	5289
R^2	0.031	0.035	0.037

续表

样本	①全部	②男性	③女性
面板 C	婚姻不稳定性（虚拟变量 0~1）		
是否使用互联网	0.036*** (–0.008)	0.021** (–0.01)	0.049*** (–0.012)
常数项	–0.041 (–0.412)	–0.447 (–0.396)	0.197 (–0.719)
观测值	12210	6360	5850
R^2	0.155	0.129	0.184

注：*** 表示 $p<0.01$，** 表示 $p<0.05$，* 表示 $p<0.1$；样本来源于 2010 年家庭追踪调查 25~45 岁的人群，并且不包括在读学生。预测变量是是否使用互联网，因变量分别为是否保持单身、离婚经历、婚姻不稳定性三个层面。①全部是所有样本分析；②男性指只回归样本中的男性；③女性同理。控制变量包括收入、性别、户口、身高、民族、身体健康指数、年龄、受教育程度、幸福感、省份和年龄的固定效应。

根据以上模型的设定，我们获得了三组回归结果。表 3 是是否使用互联网对婚姻决策的影响的回归结果，包含了对男性和女性的回归结果。在控制了年龄、收入、教育、性别、户口、身高、幸福感、省份、民族、身体健康指数因素后，是否使用互联网对个人的婚姻决策有显著的影响，主要体现于是否保持单身和婚姻不稳定性两个决策。使用互联网的人更容易保持单身或导致整体婚姻决策的不稳定性（晚婚及离异）。这可能是因为互联网导致人们的社交能力下降等，从而使人们很难寻找到另一半以及稳定下来结婚。而对于离婚经历来说，是否使用互联网对其影响并不显著，这是因为选择离婚是婚姻的重要负面决策，往往是由于更重要的个人情感导致，例如感情不和等。另外，不管对于男性还是女性，是否使用互联网对两性在是否保持单身和婚姻不稳定性方面均有显著的影响，其中女性受到的影响比男性更明显，这很可能因为女性利用网络看剧等，受到了价值观的冲击，提高了择偶标准，从而降低了结婚的概率或者提高了离婚概率。

表 4　每天上网时间对婚姻决策的影响

样本	①全部	②20~40 岁	③30~50 岁
面板 A（OLS 模型）	是否保持单身（虚拟变量 0~1）		
每天上网时间	0.038*** (−0.003)	0.039*** (−0.003)	0.008*** (−0.003)
常数项	−0.217 (−0.408)	0.535 (−0.367)	−0.206 (−0.366)
观测值	17439	10405	13388
R^2	0.405	0.407	0.058
面板 B（OLS 模型）	离婚经历（虚拟变量 0~1）		
每天上网时间	0.006* (−0.003)	0.006* (−0.003)	0.008** (−0.004)
常数项	1.07 (−0.834)	−0.843** (−0.426)	1.085 (−0.835)
观测值	15528	8596	13031
R^2	0.029	0.034	0.028
面板 C（OLS 模型）	婚姻不稳定性（虚拟变量 0~1）		
每天上网时间	0.039*** (−0.003)	0.041*** (−0.004)	0.015*** (−0.004)
常数项	0.605 (−0.641)	0.263 (−0.447)	0.622 (−0.626)
观测值	17439	10405	13388
R^2	0.36	0.381	0.066

注：*** 表示 $p < 0.01$，** 表示 $p < 0.05$，* 表示 $p < 0.1$；样本来源于 2010 年家庭追踪调查 20~50 岁的人群，并且不包括在读学生。预测变量是每天上网时间，因变量分别为是否保持单身、离婚经历、婚姻不稳定性三个层面。①全部是所有样本分析；②是年龄控制在 20~40 岁的样本；③是年龄控制在 30~50 岁的样本。控制变量包括收入、性别、户口、身高、民族、身体健康指数、年龄、受教育程度、幸福感、省份和年龄的固定效应。

表 4 是每天上网的时间对婚姻决策的影响的回归结果，对年龄进行了划分，并且分析了每天上网时间对 20~40 岁人群和 30~50 岁人群的婚姻决策的影响。从表 4 中可以得知，无论是是否保持单身、是否有离婚经历还是婚姻不稳定，每天上网的时间越多，对个人的婚姻决策有着显著的影响越显著。

这是因为每天上网时间越多，人们接触到的不良信息越多，并且也只有更少的时间顾及私人生活，从而负面影响了人们的婚姻决策。虽然每天上网的时间对于是否有离婚经历变量维持在 10%的显著水平，对于保持单身和婚姻不稳定性变量在 1%的显著水平上，但很多文献都提及了网络色情以及网络婚姻等对人们婚姻的破坏。对于 20~40 岁人群来说，在每天上网时间相同的情况下，年龄每增长 1 岁，其单身率便会提高 3.9%，离婚率提高 0.6%，婚姻不稳定性提高 4.1%。而对于 30~50 岁人群来说，每增长 1 岁，单身率和婚姻不稳定性都会提高，但比 20~40 岁的人群提高率低，但是从离婚率来看，30~50 岁人群比 20~40 岁人群更容易离婚。

表 5　网络社交的重要性对婚姻决策的影响

样本	①全部	②农村	③城市
面板 A（OLS 模型）	是否保持单身（虚拟变量 0~1）		
网络社交重要性	0.014*** (−0.005)	0.017*** (−0.006)	0.003 (−0.007)
常数项	0.813 (−1.232)	−2.107* (−1.217)	6.963* (−3.706)
观测值	2815	1760	1055
R^2	0.287	0.341	0.263
面板 B（OLS 模型）	离婚经历（虚拟变量 0~1）		
网络社交重要性	0.001 (−0.004)	−0.002 (−0.005)	0.005 (−0.005)
常数项	−1.362 (−2.063)	−1.019 (−2.243)	−5.166 (−4.94)
观测值	2400	1490	910
R^2	0.058	0.075	0.115
面板 C（OLS 模型）	婚姻不稳定性（虚拟变量 0~1）		
网络社交重要性	0.015*** (−0.005)	0.017*** (−0.006)	0.006 (−0.008)
常数项	0.051 (−1.554)	−2.415 (−1.648)	3.856 (−4.054)

续表

样本	①全部	②农村	③城市
面板 C（OLS 模型）	婚姻不稳定性（虚拟变量 0~1）		
观测值	2815	1760	1055
R^2	0.266	0.308	0.269

注：*** 表示 $p < 0.01$，** 表示 $p < 0.05$，* 表示 $p < 0.1$；样本来源于 2010 年家庭追踪调查 20~50 岁的人群，并且不包括在读学生。预测变量是网络社交重要性，因变量分别为是否保持单身、离婚经历、婚姻不稳定性三个层面。①全部是所有样本分析；②是户口为农村的样本；③是户口为城市的样本。控制变量包括收入、性别、户口、身高、民族、身体健康指数、年龄、受教育程度、幸福感、省份和年龄的固定效应。

表 5 是网络社交的重要性对婚姻决策的影响的回归结果，包含了控制农村户口和非农户口（城市）的回归结果。从全部样本来看，网络社交的重要性对是否保持单身和婚姻不稳定性有显著的影响，而对离婚经历没有影响。对于农村户口的人群，其认为互联网社交程度更重要，则保持单身和婚姻不稳定的可能性就越高，但对于离婚经历没有影响。对于非农户口人群，社交网络的重要性对于婚姻决策没有任何影响，这个结果比较出乎意料，但也侧面反映出，相比非农户口人群，农村户口的人更容易受到网络的影响，这很可能因为他们能接触到的除互联网以外的社交渠道较少。

五、总结和政策建议

以互联网及移动互联网为代表的新媒体对人们的婚姻决策发挥着重要作用。基于 2010 年中国家庭追踪调查数据的实证研究，本文得出的主要结论如下：

（1）互联网的使用直接或间接地影响人们是否保持单身、婚姻不稳定性甚至离婚的决定，对前两种情况影响尤为明显，这也在一定程度上解释了为什么人们晚婚的现象更加普遍化。

（2）互联网使用对女性的婚姻决策影响比男性有着更为显著的负向影响，即女性使用互联网的程度越深，其保持单身或离婚的可能性就越大。

（3）相比 20~40 岁的年轻群体，30~50 岁的人群更容易受互联网的影响而离婚。

（4）互联网使用对农村户口人群的婚姻决策有着显著的负向影响，而对非农户口的人群影响却不是很显著。由此可见，网民的互联网使用行为，确实影响了个人的婚姻决策。本文的局限在于只针对人们对互联网的使用状况和当前婚姻状况的相关性进行了检验，没有剔除反向影响的可能性。

互联网是一把“双刃剑”，它对我们的婚姻的观念和形式都提出了严峻的挑战，使我们的婚姻面临着一场新的革命。对于如何修复网络的特性和缺陷，虽然需要个人加强自律、提高自身修养和辨别是非的能力，但如果政府能够引导大众正确使用互联网，加强对互联网的监管，这不仅可以改善人们的婚姻决策，也有利于社会健康发展和稳定。结合实证结论与中国现状，本文提出的具体政策建议如下：

（1）由于单身和婚姻不稳定的人受互联网使用影响显著，政府部门应加大正确使用互联网的引导，并且宣传其过度使用的危害，例如降低个人社交能力和幸福感等。

（2）考虑到个人的离婚决策也在一定程度上受到互联网的影响，例如网络对婚姻的危害，有关政府部门要加强协调配合，加强对网站内容和来源的监管，加大对不健康网站尤其是色情网站的治理力度和查处力度。

（3）针对互联网信息传递的低成本性和高效性，政府应在提高技术管理不良信息传播的同时，反向利用互联网宣传正确使用互联网的思想，提高人们的防范意识。

(4) 互联网的出现和普及极大地扩大了人们接触异性的范围，例如社交软件、在线交友、婚恋网站等，但这些都导致了很多低质量婚姻，让人们“闪婚”又“闪离”。对此，政府应该建立一套行为准则来引导和规范网民的上网行为。

参考文献

[1] Amichai-Hamburger, Yair and Elisheva Ben-Artzi. Loneliness and Internet use [J]. Computers in Human Behavior, 2003, 19 (1): 71-80.

[2] Bradbury, Thomas N., Frank D. Fincham and Steven RH Beach. Research on the Nature and Determinants of Marital Satisfaction: A Decade in Review [J]. Journal of Marriage and Family, 2000, 62 (4): 964-980.

[3] Barak A., Fisher W. A. Toward an Internet-Driven, Theoretically-Based, Innovative Approach to Sex Education [J]. Journal of Sex Research, 2001, 38 (4): 324-332.

[4] Bellou A. The Impact of Internet Diffusion on Marriage Rates: Evidence from the Broadband Market [J]. Iza Discussion Papers, 2013, 28 (2): 265-297.

[5] Cooper A., Boies S., Maheu M., et al. Sexuality and the Internet: The Next Sexual Revolution [J]. Research, 2000, 42 (4): 519-545.

[6] Engelberg E., Sjöberg L. Internet Use, Social Skills and Adjustment [J]. Research, 2004, 7 (1): 41.

[7] Jill C. Manning. The Impact of Internet Pornography on Marriage and the Family: A Review of the Research [J]. Sexual Addiction & Compulsivity, 2006, 13 (2-3): 131-165.

[8] Thompson H. A. Soap Operas and Fertility [J]. Evidence from Brazil, 2017.

[9] Mccown J. A., Fischer D., Page R., et al. Internet Relationships: People Who Meet People [J]. Study, 2001, 4 (5): 593.

[10] Milani L., Osualdella D., Di B. P. Quality of Interpersonal Relationships and Problematic Internet Use in Adolescence [J]. Study, 2009, 12 (6): 681.

[11] Morahan-Martin, Janet. The Relationship between Loneliness and Internet Use and Abuse [J]. Cyber Psychology & Behavior, 1999, 2 (5): 431-439.

[12] Park N., Peterson C. Character Strengths and Happiness among Young Children: Content Analysis of Parental Descriptions [J]. Journal of Happiness Studies, 2006, 7 (3): 323-341.

[13] Stevenson B., Wolfers J. Marriage and Divorce: Changes and Their Driving Forces [J]. Journal of Economic Perspectives, 2007, 21 (2): 27-52.

[14] 刘兰. 互联网对岐山县居民生活方式影响的探析 [D]. 陕西师范大学博士学位论文, 2016.

[15] 郑百灵, 谢建社. 论互联网人际交往的特征及类型 [J]. 江西师范大学学报 (哲学社会科学版), 2004, 37 (3): 30-33.

[16] 戚杰强, 谭燕瑜. 我国城市居民的收入水平对其婚姻状况的影响——以广西的抽样调查为例 [J]. 西北人口, 2008, 29 (1): 35-37.

[17] 何俊峰, 窦建君, 张克军. 徐州市人口文化程度对婚姻状况的影响分析 [J]. 企业导报, 2013 (9): 253-254.

[18] 肖芳. “80 后”知识女性婚姻韧性的影响因素研究 [D]. 长春工业大学博士学位论文, 2012.

[19] 国建, 王诠, 刘兴云. 青年人婚姻满意度与品格优势的关系 [J]. 中国心理卫生杂志, 2015 (5): 383-388.

[20] 蔡玲. 青年婚姻满意度影响因素研究 [J]. 当代青年研究, 2013 (3): 56-62.

[21] 李谡, 王天策. 网络对婚姻的影响及其变革 [J]. 科教导刊, 2011 (8): 156-157.

[22] 王克先. 互联网及现代通讯对婚姻的危害与对策 [J]. 社科纵横 (新理论版), 2012 (3): 100-104.

[23] 阮姗姗. 网络虚拟婚姻对现实婚姻的冲击及伦理启示 [D]. 西南政法大学博士学位论文, 2013.

[24] 俞玉兰. 论网络婚姻及其对策 [D]. 延边大学博士学位论文, 2012.

[25] 李晓敏. 互联网普及对离婚率的影响 [J]. 中国人口科学, 2014 (3): 77-87.

[26] 陈好. 大学生婚恋观的家庭影响研究——基于代际传递的视角 [D]. 山东大学博

士学位论文，2016.

［27］童辉杰，杜珍琳，赵郝锐. 大学生父母的婚姻关系与婚恋价值取向的代际传递［J］. 中国心理卫生杂志，2015（9）：714–720.

［28］谭仁杰. 市场经济与婚姻发展趋势［J］. 经济评论，1995（1）：82–87.

［29］董云虎，谷盛开. 青年婚姻家庭观透视［J］. 中国国情国力，1998（10）：44–45.

［30］李琼英. 从我国离婚制度的发展看女性地位的变迁［J］. 安徽师范大学学报（人文社会科学版），2008，36（6）：108–112.

［31］李伟波. 儒家诚信观念与网络信任危机［J］. 重庆邮电大学学报（社会科学版），2006，18（2）：222–223.

［32］郭瑾. 韩剧的女性叙事及其对中国大学生婚恋观的涵化影响——基于全国12所高校调查数据的分析［J］. 北京工业大学学报（社会科学版），2017，17（2）：17–28.

［33］郝玉章，鄢庆丰. 试析网络对婚姻和家庭的影响［J］. 学术评论，2002（6）：21–25.

［34］刘旺，黄克乐. 互联网使用与孤独感的关系［J］. 中国特殊教育，2011（11）：92–96.

［35］张溢. 教育是否妨碍了女性的婚姻［D］. 清华大学博士学位论文，2012.

闫馨霏　周　冬

我国互联网对传统媒介的影响

【摘　要】本文使用2010年中国家庭追踪调查个人数据，从个人决策的微观角度实证检验新媒体的快速发展给电视等传统媒介带来的影响。实证结果显示，互联网的发展与普及对传统电视媒介在个人时间分配决策中有替代效应，这一效应对16~30岁的青年群体尤其显著。在这一效应驱动下，传统电视媒介逐渐淡出人们的生活，新媒体替代传统媒介进行娱乐和信息收集。但新旧媒体使用的生命周期检验表明，该替代效应在中老年群体中不显著，传统电视依然保有家庭权威媒体地位。此外，本文采用多种测量方法、多个子样本、多种回归模型进行了稳健性检验，并得到了一致结论。互联网时代，传统电视媒介的转型是必要的，可以通过优化电视节目，发挥其“家庭权威媒体”比较优势，进而鼓励“互联网+电视”产业模式的蓬勃发展。

【关键词】互联网；传统电视媒介；微观实证分析

2015年，我国互联网用户达到6.88亿人，移动互联网用户也达到了6.2亿人。随着半数中国人进入互联网时代，以互联网和移动互联网为代表的新媒体对大众的文娱习惯产生了诸多影响。截至2010年12月，我国网络视频用户的规模为2.84亿人，年增长率高达18.1%；在规模庞大的网络视频用户群体中，87.2%的用户选择使用互联网来观看电视剧，67.8%的用户则使用互联网观看电视直播。[①] 这意味着，互联网正逐渐取代传统电视，成为大众获取信息、休闲娱乐的首选方式。在互联网等新媒体蓬勃发展的社会背景下，传统媒体不得不进行重组和变革，以应对互联网带来的压力和挑战。对于亟须进行改革转型，以期更好面对互联网挑战的传统媒体而言，从微观的个人层面解读我国大众的媒介选择和消费习惯的改变，并了解传统媒介与新媒体之间不可替代的功能属性，十分必要。本文将通过分析微观个体媒介使用时间和使用频率，估计互联网使用对传统电视媒体使用的集约边界上（Intensive Margins）的边际影响和广延边界上（Extensive Margins）的边际影响，以论证互联网的发展对传统电视媒体冲击的普遍性，然后进行子样本和群组聚类分析、了解该冲击的群体间异质性，尝试解读传统媒介的比较优势，为其可持续发展提供政策建议。

一、国内外文献回顾

早在以互联网为代表的新媒体诞生之初，围绕其与传统媒体的相关研究就已经展开。Danko 和 MacLachlan 最早关注互联网在美国社会给传统媒体带来的影响，观察到使用电脑会较明显替代观看传统电视的时间。[②] Robinson 和 Barth 则连续两年进行了全国性问卷调查，使用数据论证了美国观众看电视时间逐年减少的现象。由于当时个人电脑和互联网尚未大规模普及，他们

① 中国互联网络信息中心. 中国互联网络发展状况统计报告（2010 年）［EB/OL］. http：//www.cnnic.net.cn/hlwfzyj/hlwxzbg/201107/P020120709345279403991.pdf.

② Danko W. D. and MacLachlan，J. M. Research to Accelerate the Diffusion of a New Invention：The Case of Personal Computers［J］. Journal of Advertising Research，1983，23（3）：39-43.

并未将传统电视媒介使用的减少和互联网发展联系起来，只是指出新媒体与传统媒体间可能存在复杂的相互作用。[①] 美国学者 Dimmick 和 Rothenbuhler 是最早解释传统媒体和新媒体间竞争关系的学者之一。1984 年，他们将生物学中的生态位理论（The Theory of the Niche）引用到传播学领域，用资源竞争理论解释新媒体和传统媒体间的竞争与共存关系。他们强调用户时间和满意度是有限资源，在两种媒体形式具有类似的娱乐效应和信息功能，且都能满足用户需求时，它们之间存在竞争替代关系（Substitution Relationship），即使用一种媒体会减少用户使用另一种媒体的时间。[②] 2004 年，Dimmick 与其合作者进一步发现，使用互联网会显著减少用户观看传统新闻（如电视、报纸）的时间，从而认为新媒体会对传统媒体产生一定的替代作用，改变观众的媒介使用习惯和日常生活。[③] 日本权威调查机构 Video Research 在 2008 年研究了日本用户四年里不同类型媒体的使用情况后，发现用户的媒体使用状态逐渐由传统媒体过渡到新媒体：互联网、移动互联网的使用率逐渐增长，而报纸杂志和电视的使用率则逐渐下降。[④]

随着新媒体自身技术和功能的不断完善，传统媒体开始明显感受到新媒体带来的影响与冲击。针对北京、台湾、香港三个不同的城市的调研研究发现，互联网对传统媒体（看电视、广播等）的使用时间具有替代性，用户使

---

① Robinson J. P., Barth K. and Kohut A. Social Impact Research Personal Computers, Mass Media and Use of Time [J]. Social Science Computer Review, 1997, 15 (1): 65-82.

② Dimmick J., Rothenbuhler E. The Theory of the Niche: Quantifying Competition Among Media Industries [J]. Journal of Communication, 1984, 34 (1): 103-119.

③ Dimmick J., Chen Y. and Li Z. Competition between the Internet and Traditional News Media: The Gratification-Opportunities Niche Dimension [J]. The Journal of Media Economics, 2004, 17 (1): 19-33.

④ Shintaro Okazaki and Morikazu Hirose. Effects of Displacement-Reinforcement between Traditional Media, PC Internet and Mobile Internet [J]. International Journal of Advertising, 2009, 28 (1): 77-104.

用互联网的时间增加，使用电视的时间会显著减少。[①] 与传统电视媒体相比，互联网等新媒体的内容更加丰富、模式更加多样、制作更加新颖精良，还赋予了观众更多选择的权力，让观众的参与度和互动性都有显著的提高，这是传统电视媒体无法匹敌的。新媒体的即时性和互动性，让观众不但可以迅速收到信息，还可以在最短时间内进行互动和反馈。全新、方便的感官体验，让传统媒体在新媒体时代面临着更大的压力。[②] 大量研究都发现，新媒体的发展的确动摇了传统电视“家庭媒体”地位和社会权威，开始取代电视成为新的消遣工具。[③]

新媒体对于传统媒体的作用和影响是复杂的。越来越多的研究发现，新媒体不仅对传统媒体具有替代影响效应，而且两者之间还存在互补性。比如，年龄大的用户更倾向于使用传统媒体来获取信息，[④] 一些用户则会倾向于使用新媒体确认自己在传统媒体上看到的新闻或信息。[⑤] Dimmick 等从满足角度探讨个人电子邮件和电话两种媒介的关系，指出两者虽有竞争但并不能完全取代彼此，暗示了新旧媒体间的互补性。而针对 Dimmick 提出的新旧媒体间的替代效应，Dutta-Bergman（2004）则基于媒介接触理论和满足视角作了补充，指出相对于高度类似的媒体间存在的竞争关系，类似程度较低的媒体则由于功能效果不同而具有互补作用，并提出了媒介互补框架（Media

① 罗文辉，梁永炽，熊澄宇等. 互联网对传统媒体的时间取代效果——北京、台北、香港的比较研究［Z］. 世界华文传媒与华夏文明传播国际学术研讨会，2005（1）.

② 刘欣宇. 传统媒体与新兴媒体融合趋势初探［J］. 新闻采编，2011（4）：21-23.

③ 周小普，黄彪文. 契机、转机或是危机？——试析数字新媒体对广播电视的影响［J］. 国际新闻界，2011（4）：62-67.

④ Kaye B. K. and Johnson T. J. From here to Obscurity：Media Substitution Theory and Traditional Media in an On-line World［J］. Journal of the Association for Information Science and Technology，2003，54（3）：260-273.

⑤ Lin C. A. Online-Service Adoption Likelihood［J］. Journal of Advertising Research，1999，39（2）：79-89.

Complementarity Framework)。[①] 研究中，Dutta-Bergman 特别指出，由于新媒体和传统媒体间存在的较大差异，用户更有可能使用不同媒体检索同一信息，从而进行确认和补充。Mohan 则从广告信息（Advertising Information）角度入手，认为互联网和电视媒体可以相互补充，完善用户的需求。[②] Jang 和 Park 总结了前人的定量分析成果，并使用面板数据分析了韩国纸质媒体、电视媒体、电脑媒体、电话媒体四种不同形式媒体间的相互影响关系，发现电脑媒体对电视媒体有着显著的时间取代作用，对电话、纸质媒体有着互补作用。[③]

综合上述文献看，在新媒体与传统媒体相互影响关系的相关研究中，定量实证分析仍有相当大的提升空间。在我国，针对新媒体与传统媒体影响关系的研究则主要集中在理论研究、产业（发展）研究等方面，针对媒体间使用习惯的定量研究相对较少，且相关实证研究更是相对匮乏。学界研究的方向也在由单纯的定性观察向更加严谨的定量实证转变。但是，大部分的定量实证研究仍然有着样本容量较少、时间跨度较短、实证的信度和效度较差等弊病。本文将在中国社会背景下探讨个人层面上互联网的使用对传统电视媒体的影响及影响的群体异质性，不仅可以弥补我国相关领域缺乏具有代表性的微观个体数据层面上的实证检验性研究的不足，还可以为我国传媒产业研究奠定更加坚实的事实基础。

---

① Dimmick J., Kline S. and Stafford L. The Gratification Niches of Personal E-mail and the Telephone Competition, Displacement, and Complementarity [J]. Communication Research, 2000, 27 (2): 227-248; Dutta-Bergman, M. J. Complementarity in Consumption of News Types Across Traditional and New Media [J]. Journal of Broadcasting & Electronic Media, 2004 (48): 41-60.

② Dutta-Bergman, M. J. Complementarity in Consumption of News Types Across Traditional and New Media [J]. Journal of Broadcasting & Electronic Media, 2004 (48): 41-60.

③ Jang S., Park M. Do New Media Substitute for Old Media? A Panel Analysis of Daily Media Use [J]. Journal of Media Economics, 2016, 29 (2): 73-91.

二、数据、变量测量和统计描述

本文数据来源为中国家庭追踪调查微观数据库（2010 年）。中国家庭追踪调查微观数据库（China Family Panel Studies，CFPS）是由北京大学中国社会科学调查中心实施的全国性、大规模、多学科的社会跟踪调查项目。旨在通过跟踪收集个体、家庭、社区三个层次的数据，反映中国社会、经济、人口、教育和健康的变迁，为学术研究和公共政策分析提供数据基础。本文实证样本涉及所有 16~60 岁、非学生的城市居民，利用其媒介消费行为、网络使用情况、经济活动、收入、教育、健康程度、婚姻状况、居住地、年龄、性别和民族等微观数据信息。

（一）变量选取和测量

1. 因变量

本文选取了两个因变量：第一个因变量是受访者平均每天在传统媒介消费的时间，包括看电视和听广播，使用电视观看 VCD、DVD、录像带以及收听 CD 和广播节目等不涉及互联网进行的媒介消费行为。该因变量为连续变量，可量化度量个人传统媒体使用时间的变化，此度量方法首次在相关课题研究中使用。第二个因变量是受访者最近三个月看电视的频率，这是一个离散有序分组变量，从 0 到 5 观看电视的频率程度逐渐提高。比如，数值 0 代表近三个月没有看过电视，1 代表近三个月不怎么看电视……5 代表几乎每天都观看电视。

2. 主要解释变量

本文分别采用受访者平均每天上网的时间和受访者最近三个月是否上网两个变量作为回归模型中的关键解释变量。第一个解释变量为连续变量，度量受访者平均每日使用网络的时间，衡量时间上的连续变化，不使用互联网的群体上网时间为0。第二个变量是虚拟变量，根据受访者是否使用网络而赋值1或者0。两者能从不同角度度量受访者近期使用互联网的情况。

3. 其他控制变量

在实证模型中，本文同时控制其他相关变量。例如，个人特征变量包括受访者的年龄、性别、民族、受教育程度、健康状况、婚姻状况、收入、所在行业和所居住市县。通过控制性别、受教育程度、婚姻状况和健康状况等因素可进一步表明各类受访者对传统电视媒介使用受互联网普及影响的异质性；考虑到生命周期理论中每个年龄段组间差异性，群组固有特征，模型中引入各年龄群体的虚拟变量组控制其固定效应。考虑到每个行业和地区内部人群对互联网的接触，对工作娱乐时间的分配有其固定特性，本文也以虚拟变量组的形式引入实证模型，控制各行业和居住地区的差异。估计系数反映的是居住地址、工作状况及年龄阶段等特征相同的人群内个体受访者因互联网使用程度差异而导致的传统媒介使用变化。

（二）数据统计描述

实证样本包括所有16~60岁、非在校学生的成人人口群体，具体信息见表1，个别变量中观测值遗失，故有所差异。其中，单身率为10%，女性比例为53%，汉族人口占95%，样本平均年龄在41.5岁左右，平均年收入（取对数）为7.2。受教育方面：9.3%的受访者接受过大专及大专以上高等教育，22.3%接受过高中及同等学力的职业学校教育，40%取得初中教育程度学历，基本与全国普查比例一致。51%的受访者认为自己的健康状况良好，38%的受访者认为自己健康状况一般，只有少数人认为自己健康状况不够好。

城镇居民平均每天在传统视听媒介上消费时间为 2 小时（见表 1）。78%的受访者几乎每天看电视。这说明，在 2010 年，电视和广播等传统媒介依然是城镇居民的主要文娱方式。根据《中国互联网络发展状况统计报告》（2010）相关统计数据显示，我国互联网覆盖率（含 6 岁以上全部使用过网络的网民）在 30%左右。而在 2010 年的 CFPS 样本中，网民所占比例为 30%，且平均上网时间为 2.4 小时，与全国统计数据基本一致，具有代表性。根据我国省级城市地区居民电视及广播媒介消费时间信息可知，相对于其他省份，辽宁、四川、湖南、湖北、北京等地传统广播电视媒介使用的时间较长。省级电视及广播等传统视听媒介的消费时间与其经济发展水平（GDP 排名）不完全一致，可见其更多是由行为人的消费习惯和媒介使用习惯决定的。根据个人互联网使用与传统广播电视媒介使用时间，散点图 1（回归线为线性预测值）显示了个人互联网使用与传统广播电视媒介的使用时间呈线性负相关，说明从初步的统计数据上看，个人新媒体的使用对传统电视广播媒介的使用和消费有挤出效应。由于互联网的覆盖状况、传统电视媒介的使用情况存在不同地区、年龄段和性别上的异质性，因此在本文的实证研究中，将控制相关的控制变量，检验微观个人层面上互联网的使用对个人传统电视媒介消费使用的影响，探讨新媒体时代给传统媒介带来的冲击。

表 1　实证数据变量描述统计

变量	样本数	均值	标准差
平均每天在传统电视等媒介消费的时间（小时）	11647	1.979	1.434
最近三个月看电视的频率	11659	4.350	1.518
几个月一次	25	0.21%	
一月一次	43	0.37%	

续表

变量	样本数	均值	标准差
一个月几次	231	1.98%	
一周几次	1091	9.36%	
几乎每天	9110	78.14%	
是否上网（虚拟变量：1，上网；0，不上网）	11659	0.300	0.458
网民平均每天上网的时间（小时）	3498	2.367	2.345
最高教育程度			
小学文凭以下（数值 0）	10929	0.145	0.352
小学教育（数值 1）	10929	0.160	0.366
初中教育（数值 2）	10929	0.379	0.485
高中教育（数值 3）	10929	0.223	0.417
高等教育（数值 4）	10929	0.093	0.290
健康状况			
健康（数值 0）	11656	0.507	0.500
一般（数值 1）	11656	0.384	0.486
比较不健康（数值 2）	11656	0.049	0.215
不健康（数值 3）	11656	0.049	0.217
非常不健康（数值 4）	11656	0.011	0.105
年收入对数	11595	7.160	4.120
是否单身（虚拟变量：1，尚单身；0，其他）	11659	0.100	0.300
女性	11659	0.527	0.499
是否汉族	11659	0.948	0.222
年龄	11659	41.454	11.309

注：此表为基于 2010 年 CFPS 原始数据统计得出。作者选取 16~60 岁、非在校学生的成人人口群体，共为 11659 名受访者。第一个主要因变量平均使用时间，由于个别受访者没有回答，所以样本量为 11647，第二个因变量最近三个月看电视的频率同其他变量，受访者回答的则为 11659。

表 2 根据不同的年龄段和不同性别计算了受访者在互联网使用和电视广播传统媒介上的平均使用时间，以进一步探讨群体间的异质性。可以看到，老年人互联网使用时间最短，比例最低，这可能是由于老年人对新技术的接

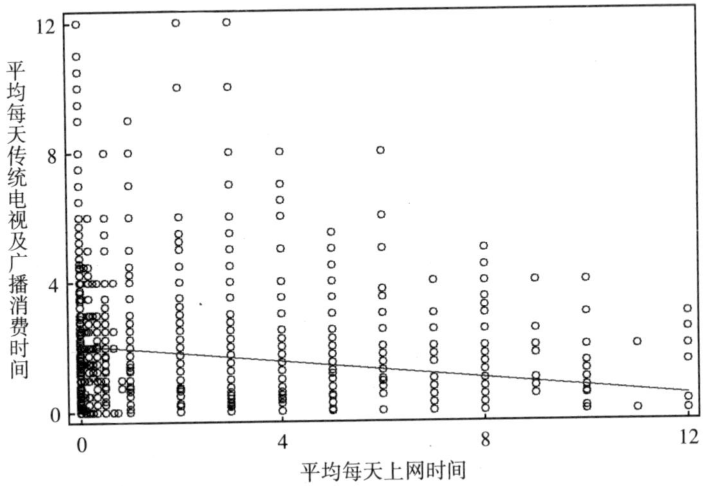

图 1　个人互联网使用与传统广播电视媒介消费时间的负相关性

注：此图由作者根据 2010 年 CFPS 数据中居民城镇人口汇报使用数据计算得出。

受能力和学习能力有限，也可能是因为老年人对家庭交流和社会往来的需求更高，因此使用互联网的时间较少；16~30 岁的人群使用互联网（及移动互联网）的时间最长。与之相对，传统电视等视听媒介的使用时间会随着年龄增长而增加：45~60 岁群体和老年人群体更倾向于选择看电视或听广播，电视的家庭权威和家庭社交性功能在老年人群体中发挥着积极作用。但年轻人群体对媒介的需求主要在于信息和娱乐的即时性、高效性。从男女性别差异整体看，女性使用互联网比男性少，但使用传统电视比男性多。

表 2　互联网使用及传统广播电视使用的分年龄、性别组信息

单位：小时

	各个年龄段		
每日平均时间	16~30 岁	30~45 岁	45~60 岁
男性使用互联网及移动互联网	2.181	0.813	0.278
女性使用互联网及移动互联网	1.545	0.574	0.216
男性传统广播电视消费使用	1.595	1.768	2.289
女性传统广播电视消费使用	1.855	1.811	2.218

注：本表由作者根据 2010 年 CFPS 数据中居民城镇人口汇报使用数据计算得出。

三、实证结果

（一）实证模型介绍

表 3 为本文的主要实证结果。表 3 中多元线性回归模型（1）~（3）中使用城镇居民每人每天使用传统电视媒体的时间作为因变量，计量单位为小时，为连续变量。在回归模型（1）中关键解释变量为虚拟变量，即“是否使用互联网及移动互联网”，其系数体现互联网及移动互联网使用对受访者的传统电视等视听媒介在广延边界上的边际影响（Extensive Margin）。换句话说，是使用或不使用网络在性质变化上的总体影响。在回归模型（2）中，本文使用受访者平均每天上网的时间作为关键解释变量；回归模型（3）中，将样本限制成网民子样本（使用互联网的受访者），以更好地估计网络使用群体内互联网使用时间的差异对传统电视媒介使用时间的影响，这一系数体现了互联网及移动互联网使用对受访者的传统电视等视听媒介集约边界上的边际影响（Intensive Margin），即每多花一个单位时间的新媒体对受访者在传统电视媒介使用时间数量的边际影响。回归模型（4）~（6）使用城镇居民每人最近三个月看电视的频率作为因变量。此因变量为有序的程度分类变量，故模型（4）~（6）采用有序 Probit 非线性模型进行估计。该模型估计出来的参数将给本文提供显著程度信息和帮助确定因变量随解释变量 X 变动的方向。在回归模型（4）中，本文采用代表该个体是否使用互联网虚拟变量，在回归模型（5）中，使用平均每天上网的时间来替代是否使用互联网。回归模型（6）中，回归样本细化到网民子样本内进行回归，估计互联网使用时间上的差异是否

表 3　个人互联网使用对其传统电视媒介消费行为的影响

因变量	传统电视和广播媒介消费时间（小时）			最近三个月看电视的频率（度量纬度：0~5）		
估计模型	OLS			Ordered Probit		
样本	全部城市居民		网民	全部城市居民		网民
	（1）	（2）	（3）	（4）	（5）	（6）
是否使用互联网	−0.317*** (0.039)			−0.178*** (0.038)		
平均每天上网时间		−0.093*** (0.010)	−0.056*** (0.011)		−0.073*** (0.010)	−0.066*** (0.012)
对数年收入	−0.006 (0.004)	−0.007 (0.004)	−0.001 (0.009)	−0.002 (0.004)	−0.002 (0.004)	0.000 (0.009)
最高教育程度	基准组：小学以下人群					
小学教育	0.243*** (0.052)	0.242*** (0.052)	0.118 (0.360)	0.265*** (0.052)	0.262*** (0.052)	0.502* (0.262)
初中教育	0.283*** (0.049)	0.271*** (0.049)	0.034 (0.347)	0.401*** (0.048)	0.395*** (0.048)	0.441* (0.244)
高中教育	0.230*** (0.055)	0.204*** (0.055)	−0.114 (0.347)	0.402*** (0.054)	0.400*** (0.054)	0.508** (0.245)
高等教育	0.039 (0.066)	0.011 (0.064)	−0.219 (0.348)	0.344*** (0.070)	0.357*** (0.069)	0.480* (0.250)
单身	−0.097 (0.076)	−0.058 (0.076)	−0.101 (0.089)	−0.379*** (0.061)	−0.341*** (0.061)	−0.245*** (0.084)
汉族	0.071 (0.071)	0.065 (0.071)	0.098 (0.133)	−0.168** (0.072)	−0.173** (0.072)	−0.306** (0.151)
变量	10865	10865	2865	10875	10875	2867
R^2	0.123	0.125	0.168	0.082	0.083	0.110

注：①***、**、* 分别代表的显著性为 1%、5%、10%；括号里面表示的是稳健标准误差。②其他控制变量包括常数项、性别、健康状况、每个人就业的所在行业、每个年龄群和每个市县的固定效应。③数据来源，2010 年的中国家庭追踪调查城市成人居民样本，不含在校学生 16~60 岁的样本。我们同时也针对不同的年龄段样本（比如 16~90 岁；16~80 岁；25~65 岁年龄段等）进行回归分析并得到同样的结论。

会导致传统电视媒介使用频率的降低。不论是有序 Probit 模型还是线性概率模型，两者的结论是一致的。估计模型 （1）~（6）同时控制了个体特征向量，如性别、受教育程度、民族、收入、婚姻状况、健康状况等，也控制了地区的特征差异和年龄组的差异。

（二）实证结果分析

回归模型（1）的回归结果显示，在控制住地区和各年龄群体内的控制变量后，网民群体使用传统电视媒介的时间要显著减少，平均比非网民群体少0.32个单位时间。基于全国城镇居民样本，本文发现电视和互联网具有相似娱乐和信息功能，但是互联网具有更强的时效性、高速性、便利性，且具有易携带、低成本等优势，因此总体上对传统电视媒介产生明显的替代效应，在中国城镇地区普遍挤出传统电视媒介的消费时间。从回归模型（2）的回归结果中可以看到，在采用每天平均上网时间作为解释变量后，多元变量OLS的回归结果与模型（1）的回归结果一致，表明互联网使用对传统视听媒介的使用时间有挤出效应。控制变量后，受访者如果在互联网上多花1个单位时间，那么在传媒视听媒介上就会减少0.1个单位时间。在网民子样本内部进行回归分析后，本文依然得出一致的显著负影响结论，即无论是广延边界还是集约边界上的边际效应都一致为负显著。回归模型（4）~（6）本文使用受访者最近三个月看电视的频率作为因变量，通过有序Probit模型检验。检验的估计结果与OLS估计结果一致。这意味着，随着使用互联网频率或每天上网时间的增加，受访者看电视的频率会下降，从而证明互联网和看电视间存在着显著负相关。

个人的时间禀赋是固定的，因此个人在对时间进行分配决策时，如果选择了互联网进行视频观看、信息获取，往往会减少使用电视进行同类型的功用。因此，互联网对于看电视产生的影响以替代效应为主。图2统计了网络使用者在使用互联网之后看电视时间的变化情况，54.63%的受访者表示，在使用互联网后，看电视时间出现了不同程度的减少。这是看电视所提供的娱乐效用与互联网所能带来的娱乐效用相似造成的。此外，相对于看电视而言，互联网所提供的信息和娱乐服务价格更加低廉、种类更加丰富，使用也更加方便，基本可以完全覆盖传统“看电视”传统媒介使用的所有需求。

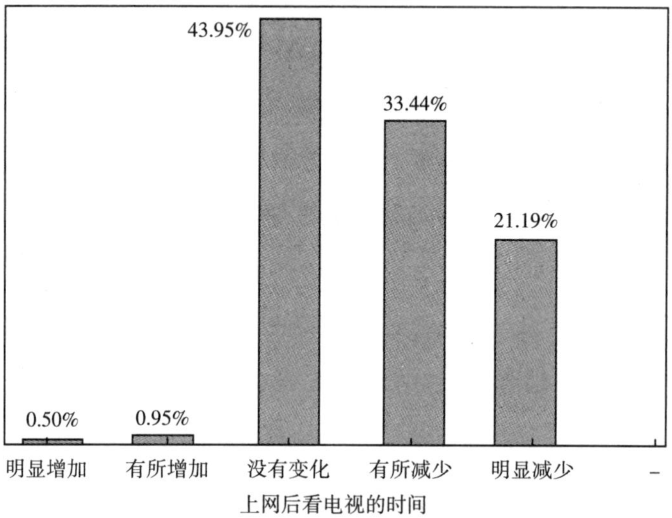

图 2　互联网使用者对传统广播电视媒介消费的直接显示偏好

注：此图由作者根据 2010 年 CFPS 数据中居民城镇人口汇报数据计算得出。

互联网暂时很难满足家庭媒体的功能效果，从此角度而言，传统媒体依然具备比较优势。为了解不同年龄段人群传统电视媒介与互联网使用两者间替代效应的异质性，并且检验“看电视”作为家庭集体活动、维系和增进家庭成员感情的“家庭媒体”权威功能的不可取代性，本文将人群分为三个不同的年龄段：16~30 岁、30~45 岁、45~60 岁。在表 4 中，本文同样采用传统电视媒介的使用时间和近期看电视的频率分别为因变量，采用是否使用互联网和平均每天上网的时间分别互为关键解释变量。回归模型（1)~(6）的结果表明，无论使用哪个因变量、哪个解释变量，年纪越轻的组别，互联网使用越多，使用传统电视媒介的时间越少，看电视频率越低，互联网对传统媒介的挤出效应更大。比如，根据“是否使用互闻网”这一虚拟变量估计结果显示（回归模型（1）），对16~30岁这组人群互联网的使用将减少传统电视媒介的使用单位时间0.363，而对30~45岁人群来说，该替代效应为-0.303，对45~60岁人群冲击最小，为-0.163。表4同样采用受访者最近三个月看电视的频率作为因变量，结果与前一致，但是对45~60岁组而言，挤出效应不显著。主要原因在于，互联网作为新生事物主要使用人群集中在青年群体，而电视媒介的家庭权威功能主要作用于中老年群体。当然，后者接触互联网少的原因也有可能是中老年群体对新生事物的接受能力较差，缺乏主动学习动力，更愿意选择传统电视媒介进行休闲娱乐。因此，本文发现生命周期中存在明显的群体间异质性。16~30岁这一群体中，女性比男性看电视的时间更多，受过高等教育的群体看电视的时间显著低于其他受访者，30~60岁群体则不一样，这一中年群体中的女性同胞需要承担更多的社会责任和家庭责任，看电视的时间比起同样特征下的男性更少。在控制了其他相关变量后，收入与传统电视媒介的使用不存在显著相关性，无论收入高或是收入低的群众，传统媒介的使用更多是个人的行为选择问题，与经济水平无关。总而言之，在微观数据的实证分析中，互联网对看电视的影响表现出了比较明显的负相关效应。随着互联网视频技术的臻于成熟和互联网视频市场的不断发展，选择看电视作为娱乐方式的消费者很可能会越来越少。

四、结论与探索

本文运用代表性微观数据，证明了我国微观个体使用互联网对其使用电视等传统媒体的影响主要表现为负相关的替代效应，即使用互联网时间越

表 4　互联网使用对电视媒介消费行为分年龄段影响的异质性

因变量	传统电视和广播媒介消费时间						最近三个月看电视的频率					
估计模型	OLS						Ordered Probit					
年龄段	16~30 岁		30~45 岁		45~60 岁		16~30 岁		30~45 岁		45~60 岁	
	(1)	(2)	(3)	(4)	(5)	(6)	(1)	(2)	(3)	(4)	(5)	(6)
是否使用互联网	−0.363*** (0.081)		−0.303*** (0.052)		−0.163** (0.080)		−0.224*** (0.075)		−0.171*** (0.058)		0.022 (0.090)	
每天上网时间		−0.073*** (0.015)		−0.102*** (0.015)		−0.052** (0.023)		−0.078*** (0.015)		−0.072*** (0.016)		−0.017 (0.026)
对数年收入	−0.003 (0.010)	−0.006 (0.010)	−0.012* (0.007)	−0.012* (0.007)	−0.004 (0.007)	−0.004 (0.007)	−0.009 (0.009)	−0.011 (0.009)	0.006 (0.007)	0.006 (0.007)	−0.004 (0.007)	−0.004 (0.007)
女性	0.161** (0.069)	0.155** (0.069)	−0.075* (0.043)	−0.070 (0.043)	−0.173*** (0.048)	−0.173*** (0.048)	0.133** (0.066)	0.117* (0.066)	0.027 (0.047)	0.027 (0.047)	−0.071 (0.051)	−0.072 (0.051)
样本量	2078	2078	4423	4423	4874	4874	2081	2081	4426	4426	4878	4878
R^2	0.187	0.188	0.131	0.133	0.127	0.127	0.101	0.102	0.084	0.086	0.101	0.102

注：①***、**、* 分别代表的显著性为 1%、5%、10%；括号里面表示的是稳健标准误差。②其他控制变量包括常数项、民族、婚姻状况、受教育程度、每个人的健康状况、每个人就业的所在行业、每个年龄群体和每个市县的固定效应。

多，用户对电视、广播等传统媒介的使用越少。另外，相比较非上网群体，上网群体使用传统电视媒介的时间要更少。值得一提的是，根据不同生命阶段样本分析，年轻群体使用网络媒介更频繁，在这一群体中传统电视媒介使用受到的冲击更大，而对中老年群体而言，传统电视媒介的家庭媒体功能十分重要，互联网的影响不显著。

结合我国背景和研究结果，本文对互联网时代我国电视业发展提出如下建议：传统媒体供给侧可以优化节目内容以满足消费需求，发挥其家庭媒体功能。传统电视产业的媒体供给以粗放制作为主，其特点是“版本拷贝”和“全国轮播”，因此往往出现同一档节目先后在多个频道轮番播出的现象，不但造成内容的高度同质化，也会引起观众对于电视节目的审美疲劳。对于传统电视媒体供给侧而言，应对互联网挑战可以从优化电视节目内容、丰富电视节目形式等角度入手，增加电视内容的个性化和参与性，以满足人们日益变化的消费需求。此外，在节目制作上还可以考虑加强家庭功能的宣传营销，增强电视节目的家庭娱乐性，以突出电视在家庭生活中的不可替代性，吸引更多受众，减小消费替代效应。

由于缺乏长时间段的面板数据，本书未能进一步检验传统媒介消费的生命周期规律。如果能长期跟踪不同的年龄段群体，本文可以进一步明确新媒体使用、传统电视媒介使用是否呈现固定的生命周期模式，老年群体在两种媒介选择上的弱替代关系会不会与接受新事物的能力、学习新事物的能力相关，抑或是年轻群体变老后家庭交流需求的上升，自然选择传统电视媒介。如果后者生命周期模式真实存在，那么长期看，传统电视媒介将依然有一席之地，在“家庭媒体”权威功能上具备比较优势。因此，进一步的研究可以继续探讨新旧媒体的互补渠道和其消费使用行为的生命周期规律。

周　冬　李本乾　吴佳玙

我国互联网的社会监督和反腐效果

【摘　要】本文对以互联网为代表的新媒体在提高公众自我表达诉求和加强社会监督的功能效果进行宏观和微观数据的双重检验，并对以互联网为代表的新媒体和传统媒体进行效果比较分析。采用2003~2011年30个省级面板数据分析发现，互联网的运用与推广对降低腐败犯罪概率和提高人均GDP增长有积极作用。互联网覆盖率提高1%，公职人员犯罪案件数每百万人中将显著减少8.95件，但传统报纸期刊不具备此影响。为了检验互联网对政府监督效果的机制渠道，本文采用2010年中国综合社会调查微观数据检验互联网使用和民众诉求的正相关性。相对于传统媒体用户和以传统媒体为主要信息源的人民群众来说，互联网用户和以互联网为主要信息渠道的民众更愿意理性地表达自我诉求和政治诉求。

【关键词】互联网；民众诉求；政府监督；实证研究

一、引言

以互联网为代表的新媒体具备满足大众的信息需求（Information Function）、娱乐需求（Entertainment Function）、自我表达诉求（Self-expression）

和社会监督（Public Supervision）等功能（张国良，2001；蒋宏和徐剑，2006）。民众可以通过网络，围绕社会事件的发生、发展和变化，表达自我对公共问题和社会管理者持有的政治态度、意见、情绪、信念和价值观。网络舆情形成迅速，对社会影响巨大。随着互联网技术在全球范围内的飞速发展，网络媒体已成为除了电视、报纸、广播等传统媒体之外反映公众诉求和监督的主要载体之一（顾明毅和周忍伟，2009）。互联网进行信息传播具有高效性、普遍性、快速性、广泛性和民众参与多样性。互联网的使用极大程度上促进了大众话语权意识的觉醒，其程度远远超过传统媒体，并在公共监督中发挥着积极作用，产生了巨大的社会影响力。例如，孙志刚案、“我爸是李刚”等事件都体现了我国大众通过互联网理性表达自我声音的意愿日益加强，同时也增强了来自公众对政府监督的力量，并在一定程度影响着公共决策。

就传统媒体（如电视和报纸）而言，民众主要是听众或信息接收者，而互联网媒体不仅允许瞬时传播大量信息，而且提高了大众的参与性和主动性。在网络世界，每个人都可以是信息源，也可以是信息传播的载体。互联网用户能够发表和回应讨论论坛、微博话题，写在线博客，上传和传播视听材料，甚至对一部分公众来说，互联网取代了传统媒体已成为个人主要信息来源。因为互联网低成本、高效、极速且具备一定程度的隐匿性等特征，所以互联网络正成为民众披露问题、讨论社会矛盾、释放不满情绪、表达反对意见、探讨时事、参与政治政策的有效途径。不同于传统媒体，互联网使用是一个双向的互动过程，它能够释放人们的自我表达诉求，并给大众提供一个方便且有效的意见分享和政治参与途径（李纲和董琦，2011；廖圣清、李晓静和张国良，2005）。相应地，公众对政府实现和完善其公共职能有了更高的期望，以及渴望得到更高的信息透明度。因此，除了执行作为媒体的信息功能之外，互联网还具有强烈的社会维度。

根据最新的 Edelman Trust Barometer 统计结果显示，人们对搜索引擎和其他在线媒体的信任程度有增加的趋势，公众的自我表述也越来越理性，同时也越来越怀疑传统媒体。从对重大事件偶尔“发声”到集体“失声”，从人们心中的“权威”到受到大众的“质疑”，传统媒体正逐渐由舆论监督的主力军转变为舆论监督的被动跟随者。在数字网络信息时代，互联网及移动互联网覆盖面远远超过传统媒体，其发展淡化了传播主体与受众的界限、消除了时间和空间的限制，加大了言论自由，使得普通民众的话语权加强，人民的声音更广泛也更具效用。在这样的发展背景下，互联网与传统媒体相互结合发挥着积极作用，直接推动了不少反腐案件工作的开展和社会问题的解决，同时，网络监督力度的加强有利于政府官员的自我监督与管控。

针对互联网提高公共监督和公众诉求的研究，现有文献多为描述性研究或是采用个别案例探讨以互联网为代表的新媒体和传统媒体在提高公众自我表达诉求和公共监督功能上的效果差异，缺乏大数据和实证检验结果支持。本文采用 2003~2011 年省级面板数据进行计量分析，就互联网的监督效果进行实证研究，检验互联网发展对公职人员犯罪和刑事犯罪率的影响。同时采用 2010 年中国综合社会调查（Chinese General Social Survey，CGSS）微观数据实证检验和探讨互联网对社会监督效果的机制渠道之公众自我表达需求与政治参与需求的提高与实现。在宏观和微观数据双层面结合检验的实证过程中，本书还比较了传统媒体和新媒体社会监督效果的边际差异以及提高民众自我表达与政治参与诉求的效果差异。

二、 互联网与社会监督理论背景

在古代，无论中西方，统治者都牢牢控制着话语权，真正意义上的舆论监督并不存在。近现代政治学意义上的舆论监督，其理论基础源于言论自由理论、人民主权理论、权力制约理论。约翰·弥尔顿的《论出版自由》、卢梭的《社会契约论》以及杰斐逊总统身体力行的媒体“第四权力”的观点都为舆论监督提供了坚实的理论基础。哈贝马斯在研究了 18 世纪的欧洲资产阶级社会中出现的俱乐部、咖啡馆、沙龙等地方后，认为这是一个公众们讨论问题、自由交往的公共领域。通俗地说，公共领域就是指政治权利之外，作为民主政治条件的公民自由讨论公共事务、参与政治活动的空间。19 世纪中后期以来，大众传媒的发展消解了原本属于私人领域的自由主义公共领域，大众传媒的兼并整合使其更容易被控制和操纵，哈贝马斯理想的资产阶级公共领域不复存在。20 世纪 90 年代以来，随着互联网对公众的开放，使网络空间成为新的公共领域成为可能。在网络空间，参与者通过理性的辩论对公共事务做出独立于公权力之外的判断，从而对政府进行监督和批判。所以网络空间对政治制度、政治权利、政府管理等领域都带来了深刻的影响。

在哈贝马斯公共领域理论的脉络下，互联网提供了一个自由、平等、互助和民众能够自我表达诉求的在线空间。琼斯认为互联网史无前例地为每个人创造了一种自由表达的空间；格路斯曼和拉什等学者更看好互联网在帮助普通公众与政府之间发生联系及更有效地讨论公共事务等方面的积极作用。

哈贝马斯指出，公众对理性的运用需要一个启蒙与训练的过程。网络空间下，不同意见的交流、碰撞甚至激烈交锋，是对公民理性批判思维和理性表达自我诉求的最好训练。由于传统的大众传媒受到政府某种程度的管控，大众参与公共生活、表达自己公共意见的途径会受到一定程度的限制。互联网从其诞生之日起就确定了它的去中心化，从而成为政府唯一无法完全垄断的媒介。正是由于互联网以及移动互联网的出现，使人们突破时空的限制，一定程度上摆脱了外部威权的管控，激发了人们对公共事务的参与热情和自我表达的欲望，使哈贝马斯认为的公共舆论的形成成为可能。公共舆论的形成使得公民对国家各级公权力的监督成为可能。

国外学者对于互联网公共监督的研究是基于网络政治研究的理论框架之下。

互联网所带来的最大改变是改变了权力的分配。马克·斯劳卡在《大冲突》中提出，数字革命的深层核心是与权力相关的。目前，网络权力呈现出如下三个特点：知识化、扁平化和分散化。网络社会政府权力的转移表现为组织结构由科层制向扁平化发展、权力结构由控制型向分权型发展、决策结构由垂直式向交互式发展，促成这种权力转移的强有力的力量来源于公民在网络空间的知情权与参与权。约翰·奈斯比特在《大趋势——改变我们生活的十个新方向》中指出：我们已经进入了一个以创造和分配信息为基础的经济社会；在这个立即可分享信息的时代，代议民主制已过时，参与式民主变得越来越重要，而以互联网为代表的传播技术正是参与式民主的积极推动者。阿尔文·托夫勒（Toffler）的“社会浪潮”理论认为，所谓的民主是一个政治词汇，很难在工业时代的企业中实现，但在数字化信息时代，授权与参与式民主将成为高频词汇。互联网将会增加而不是减少参加社会、经济、政治方面的决策人数。

被称为“数字经济之父”的泰普斯科特（DonTapscott）在《数字化的成长》一书中阐述了他对于传统媒体言论的看法：“在过去咨询垄断的权威时代里，人们无法找到真相，而掌握及控制咨询就可以轻易欺骗他们，但在网络世界里，一切都会透明化，集权和欺骗将不容易存在。”

国内学者对互联网公共监督的研究更多的是分析网络技术的特性以及如何帮助政府应对突发性群体事件。杨柳（2013）认为，网络媒体改变了传统媒体监督的性质，将单一的灌输形式变为点对点的互动启发，通过网站、论坛、博客、微博、微信、朋友圈等方式使公民通过舆论表达公共诉求。乐雯（2014）和程旭（2015）都曾在其文章中讲到传统媒体为执政党的喉舌，其主要功能是向公众传递执政信息，舆论监督功能相对来说遭到弱化，而新媒体具有多种发展资源，网络上话语权意识的觉醒程度远远超过现实生活，舆论监督趋于日常化和惯例化，影响了中国舆论监督的发展势态。新媒体具有网络化，传播属性多元化，公众参与途径多元化等特点，使得舆论监督能够突破把关人审核，迅速引起广泛关注，在公众广泛参与下，新媒体的舆论监督更加灵活，效果也更加直接，形成巨大的社会影响力。

随着新媒体技术的不断发展，舆论监督不再是新闻人的特权，也不再只是一个针对政府、企业或其他高级组织的新闻活动，社会生活中的每个人都可能成为信息渠道和意见表达的主体，都可以成为舆论监督的主体。互联网拉近了网民与政治的距离，网络正逐步成为我国公众监督政府及公职人员行为的重要手段与反腐败的重要载体。据凤凰网民调显示，对于政府工作报告，50.2%的网友最关注其中的反腐败内容。通过在网络上及时地揭露、批评各类公务员，特别是领导干部的腐败行为，能够比较有效地激发广大人民群众的主体意识，使他们的主体作用得以充分发挥。

三、互联网加强社会监督效果检验

无论在发达国家还是在发展中国家，公职人员的腐败犯罪是导致政府信任水平下降的最重要因素之一。[①] Job（2005）发现当个人认为政府存在腐败，会对当地公共机构的信任程度产生不利影响。可以说腐败是引起政治信任下降的最强决定因素，同时高水平的政治信任又是重要的社会资本，影响着公民的行为决策与公共政策的制定和实施，乃至地方的发展。建立或加强政府信任需要努力消除腐败（Job，2005；Warren 2006），而这一过程需要有一个开放的社会或者空间，允许公民讨论和质疑政府的政策，并且能够感觉到公共决策过程因为大众参与带来的差异。互联网络正给大众提供一个披露问题、讨论社会矛盾，释放不满情绪、表达反对意见、探讨时事、参与政治政策的有效空间。互联网及移动互联网的发展与运用具有强烈的社会维度，可以产生正面的社会功能，监督政府有效执政，减少贪污腐败。

本文以 2003~2011 年中国 30 个省（区、市）的面板数据为样本，检验互联网及移动互联网发展过程中产生的社会监督效果。数据的时间点选择在政府反腐工作大量展开之前，估计参数应不受该政策影响。在面板数据中各省互联网及移动互联网覆盖率数据源于中国互联网络信息中心（China Internet Network Information Center，CNNIC），其对互联网的覆盖率测量为使用过

① 根据 Edelman Trust Barometer 信任度调查结果，近年来世界各国民众对其政府的信任程度一直呈现下滑趋势。美国民众选择“总是相信政府”或者“大多数时间相信政府”的比例从 1958 年的 73%降到了 2015 年的 19%。虽然与其他国家相比，中国民众对中央政府的信任程度在世界范围比较高，但是近年来中国民众对政府的信任程度依然有所下降（Zhao and Hu，2015）。

互联网及移动互联网的 6 周岁及以上的中国居民占相应人口总数的比例。对政府腐败的度量的第一个因变量采用的是各省（区、市）历年公职人员的犯罪案件总数，未含重庆。数据源于历年《中国检察年鉴》，其中个别省份缺失公职人员犯罪案件数据，采用方红生和张军（2009）的修正数据。第二个因变量是公职犯罪率，即每万人公职人员犯罪案件数对数。为了度量相关社会监督状况，本书第三个因变量采用每万人中刑事犯罪的数量（刑事犯罪率；对数形式）。两者数据来源皆为章元、刘时菁和刘亮（2011）的文章和历年《中国检察年鉴》。为了比较互联网和传统媒体的监督效果差异，在面板固定效应模型中我们控制了各省人均传统杂志报纸印张数。其他控制变量包括非国企就业比重、城镇地区登记失业率（单位：%）、城镇人口占全部人口的比重（城镇化程度；单位：%）、城乡收入不均等程度（本省城市人均可支配收入与农村人均纯收入之比）、公职人员相对工资（公职部门人均工资与非国企部门人均工资之比）、固定资产投资占 GDP 比重（单位：%），各省平均受教育年限。各指标的描述性统计结果参见表 1。

表 1　2003~2011 年中国省级面板数据统计表

变量	样本数	均值	标准离差	最小值	最大值
公职人员犯罪案件数（每万人）	270	26.574	8.927	3.390	62.200
刑事犯罪率（每万人，对数）	267	7.259	2.775	3.010	18.240
起诉率（每万人，对数）	267	8.472	3.371	3.400	21.200
互联网覆盖率（%）	270	0.197	0.154	0.003	0.703
人均杂志报纸印张数	270	0.013	0.012	0.001	0.050
固定资产投资占 GDP 比重（%）	270	54.572	15.590	25.850	93.390
平均受教育年限	270	7.755	1.120	3.320	11.100
非国企就业比重（%）	270	39.893	15.302	6.010	77.490
城镇地区登记失业率（%）	270	3.676	0.866	0.000	6.700
城镇化程度（%）	268	0.461	0.159	0.158	0.893

续表

变量	样本数	均值	标准离差	最小值	最大值
城乡收入不均等程度	270	3.063	0.621	1.757	4.765
公职人员相对工资	270	1.139	0.164	0.760	1.720
人均 GDP	270	23492.17	16395.75	3701	85213

数据来源：统计局发布的历年《中国统计年鉴》、《中国检察年鉴》和 CNNIC 发布的历年《中国互联网络发展状况统计报告》。

首先，展示描绘政府公职人员犯罪案件数与互联网覆盖率这两者关系的散点图（见图 1）。观察图 1 的散点图，可以看到互联网覆盖率越高的地方，公职人员犯罪案件数越少，两者表现出一定的负相关关系；当我们用一个线性回归进行拟合，发现效果很好。其次，采用固定效应的面板线性模型估计互联网的发展对政府公职人员腐败案件和公众刑事案件犯罪率的抑制作用。主要的估计结果参见表 2，互联网覆盖率提高 1%，每百万人中公职人员犯

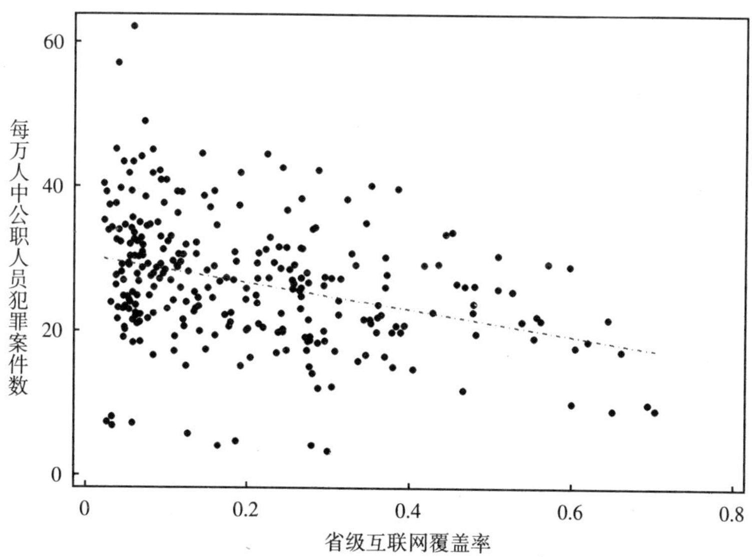

图 1　2003~2011 年中国各省互联网覆盖率与政府公职人员犯罪案件数

数据来源：历年《中国检察年鉴》和《中国互联网统计报告》，其中个别省份缺失公职人员犯罪案件数据，采用方红生和张军（2009）的修正数据。

表 2　互联网社会监督职能效果检验

回归模型	(1)	(2)	(3)	(4)	(5)	(6)	(7)	(8)
因变量	公职人员犯罪案件数（每万人）						公职犯罪率	刑事犯罪率
互联网覆盖率	-13.414^{***} (3.702)	-13.414^{***} (3.702)	-8.331^{**} (3.971)	-8.754^{**} (4.111)	-8.945^{**} (4.117)	-8.945^{**} (3.967)	-0.405^{***} (0.134)	-2.068^{**} (0.873)
人均杂志报纸张数（万）	−57.975 (117.737)	−57.975 (117.737)	−44.510 (116.114)	−39.381 (120.343)	−29.207 (121.048)	−0.003 (0.012)	0.000 (0.000)	0.007^{***} (0.003)
固定资产占 GDP 比重	-0.137^{***} (0.034)	-0.137^{***} (0.034)	-0.118^{***} (0.034)	-0.114^{***} (0.035)	-0.126^{***} (0.036)	-0.126^{***} (0.034)	-0.003^{***} (0.001)	0.026^{***} (0.007)
各省人均受教育年限	−0.006 (1.107)	−0.006 (1.107)	0.614 (1.114)	0.685 (1.189)	0.361 (1.223)	0.361 (1.178)	−0.033 (0.040)	−0.236 (0.253)
非国企就业比重			-0.281^{***} (0.094)	-0.291^{***} (0.095)	-0.272^{***} (0.096)	-0.272^{***} (0.093)	-0.011^{***} (0.003)	0.031 (0.020)
城镇地区失业率			0.391 (0.685)	0.434 (0.712)	0.292 (0.726)	0.292 (0.699)	−0.035 (0.024)	0.113 (0.151)
城镇化程度				−0.122 (4.389)	0.859 (4.457)	0.859 (4.294)	0.132 (0.145)	0.607 (0.921)
城乡收入不均等程度					−2.406 (2.222)	−2.406 (2.141)	0.013 (0.072)	0.967^{**} (0.469)
公职人员相对工资					−2.778 (4.606)	−2.778 (4.437)	−0.022 (0.150)	2.303^{**} (0.957)

续表

回归模型	(1)	(2)	(3)	(4)	(5)	(6)	(7)	(8)
因变量	公职人员犯罪案件数（每万人）						公职犯罪率	刑事犯罪率
Ln（人均 GDP）[f]						-8.582^{***} (1.986)	-0.315^{***} (0.067)	1.775^{***} (0.437)
常数项	37.464^{***} (8.042)	37.464^{***} (8.042)	40.285^{***} (8.452)	39.759^{***} (8.506)	52.661^{***} (12.673)	52.662^{***} (12.210)	4.171^{***} (0.412)	−0.382 (2.639)
样本量	270	270	270	268	268	268	268	265
R^2	0.315	0.315	0.345	0.348	0.353	0.402	0.440	0.204
省份数	30	30	30	30	30	30	30	30

注：采用中国 30 个省份的面板数据固定效应模型回归（2003~2011）；其中，*** 表示该系数在检验水平 1%下显著、** 表示该系数在检验水平 5%下显著、* 表示该系数在检验水平 10%下显著；f 考虑到人均 GDP 和互联网覆盖率、失业率等其他自变量之间相关性，表中各个回归模型控制变量对数人均 GDP 采用在一阶段对数人均 GDP 作为因变量对其他自变量回归后获得的残差向量。

罪案件数将显著减少8.95件，降低每万人中刑事犯罪数量2%左右，但对各省每万人中被刑事起诉的数量没有显著影响。模型中，变量传统期刊报纸发行张数对公职人员犯罪回归结果虽为负数但不显著，且控制了其他变量后系数趋向于0。针对刑事犯罪数量的回归中（见回归8），人均报纸印张和刑事犯罪率存在正相关，虽然显著，但系数较小且趋向于0。总体而言，回归结果表明相对期刊报纸传统媒体而言，互联网的覆盖与推广显著地降低了当地公职人员犯罪案件，有效地抑制了腐败滋生，降低刑事犯罪。

由于传统媒体可能存在对一些事实加以掩盖或者对一些公众事件避而不谈抑或进行偏颇报道，使得很多民众会更加偏好和信赖网络，并将其作为主要的信息来源渠道。值得一提的是，现有研究发现民众互联网使用越频繁其政治信任度越低，并解释其原因在于互联网的使用改变了民众的价值观（苏振华和黄外斌，2015）。但本文认为，相关性并不能代表因果性，实际情况也存在这样的可能：并非价值观的改变，而是使用互联网的民众现在能通过新媒体的平台相对自由地表达自己的价值观和政治诉求。信息的不一致性、公共决策和财政监督的非透明性，或许是近些年民众对政府信任程度下降的主要原因。

网络的开放性和自发性激发公民意识，在推进政府廉洁化方面发挥了积极的作用。随着网络技术的普及，媒体的信息披露功能和公共监督功能将得到前所未有的加强。同时，互联网的推广从反腐角度来看在政府监督中起着积极作用，从长期来看互联网的发展也将可能提高民众的政治信任水平，推动地区发展。在数字信息时代，纪检监察机关应结合互联网的优势，深入研究互联网等新媒体对反腐倡廉建设的影响，创新工作方式，充分运用信息技术提供的手段和途径，增强反腐倡廉建设的实效性。当然，网络媒体监督也会出现负面效应，所以为了完善网络媒体监督，提高网络监督的效能，应该加强对网络媒体的监管力度，实施正确的引导和出台相关政策制度，使网络媒体监督规范化，更有效地发挥了其社会监督作用。

四、 互联网使用与公众政治参与诉求

上文提及，努力消除腐败和加强公共监督需要有一个开放的空间，允许公民讨论和质疑政府的政策、表达反对意见、探讨时事、参与政治政策。互联网及移动互联网的运用与发展正因具有如此强烈的社会维度，使其能够实现有效的公共监督。本文将从微观个体层面上对互联网使用和民众诉求的相关性进行检验，民众诉求的提升和公共监督的加强应是消除腐败的有效途径。此外，本书通过比较不同的主要信息接收渠道的边际影响（互联网及移动互联网与其他传统媒体之间的比较），从微观层面解释新旧媒体在监督效果上的差异。

（一）数据

具体而言，我们采用2010年中国社会综合调查。它是中国人民学术机构运行的全国代表连续调查项目，旨在系统地跟踪中国社会结构性和生活质量的变化。2010年的中国社会综合调查涵盖31个省份，总共有11783个样本，年龄为17~96岁。问卷提供了受访者社会、社区、家庭和个人层面上的不同特征，例如受访者的收入、健康状况、受教育程度，就业状况、民族、年龄、所住市县等。重要的是该调查提供了个人的互联网使用信息，信息收集的主要渠道和受访者的政治态度和自我表达诉求。丰富的信息使我们能够测量和实证评估互联网利用对公众自我诉求与政治、时事态度的影响。

1. 互联网使用自变量的度量方法

问卷中咨询个人互联网使用频率，从1到5代表互联网使用的不同频率，其中 1 表示“从不使用”，2 表示“很少使用”，3 表示“有时使用”，4 表示“经常使用”，5 表示“总是使用”。实证样本中使用互联网的人数占 34.91%（见图 2），这与中国互联网络信息中心报告的 2010 年全国网络覆盖率 34.3%基本一致。本文的第一个模型，将采用代表个人是否使用互联网的虚拟变量作为关键解释变量进行回归；在第二个回归模型中采用互联网利用频率的分组变量进行估计；在第三个回归模型中，本书将比较新媒体与传统媒体的影响差异。问卷调查中，受访者被问到他们各自搜集信息的主要渠道。其中，78%的受访者接收信息的主要方式是传统的电视和广播，而 6%的受访者是通过阅读报纸和杂志接收信息，以互联网为主要信息收集来源的人群占 14%左右。

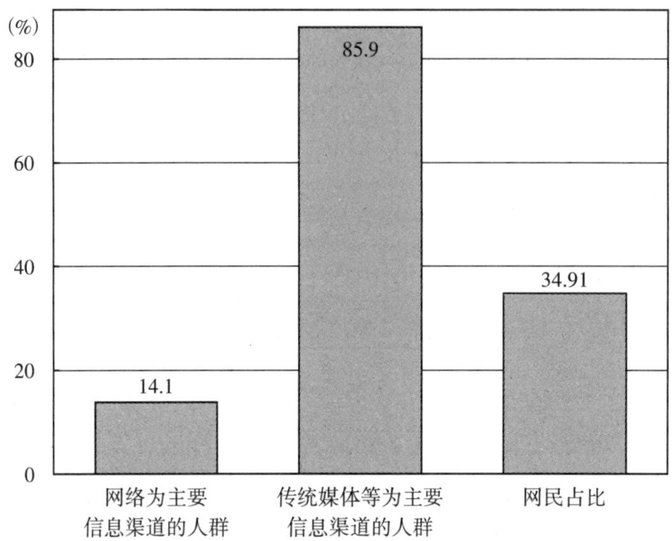

图 2　民众主要信息渠道和网民占比

数据来源：2010 年 CGSS 和作者自己的计算。

2. 民众诉求因变量的度量方法

在问卷中，受访者被咨询下列相关问题或言论，他们依据自己的态度和认知选择从 1 到 5：完全不同意为 1；比较不同意为 2；无所谓同意不同意为

3；比较同意为4；完全同意为5。因此，在此涉及的因变量为序级变量，所以我们的估计模型采用有序Probit估计方法，其与OLS回归的结果相比存在大小差异，但是结论是一致的。涉及的具体因变量问题如下：

（1）如果有人发表批评政府的言论，政府不应该干涉。

（2）政府会重视我们对政府的态度和看法。

（3）脱贫是穷人自己的责任，不是政府的责任。

（4）像我们这样的人，对政府的决定没有任何影响。

（5）您经常与他人讨论有关时事。

（6）考虑到您的教育背景、工作能力、资历等各方面因素，您认为自己目前的收入是公平的。

3. 其他相关自变量的选择

其他控制变量包括性别、年龄、种族、收入的自然对数、健康状况、受教育程度、婚姻状况、每个年龄组固定效应和所属每个县区的固定效应。其中女性样本占51.8%；汉族人口占总样本量的91%；样本平均年龄在47.3岁，标准偏差为15.7；平均年收入的自然对数值为8.21；9.2%的样本仍是单身，10.3%是离婚或丧偶；80.5%是已婚有配偶；从未接受过教育的样本量占总数的13.1%，完成小学教育水平的占22.9%，48.5%获得中学教育；受过高等教育的人群占15.5%。具体的统计数据表如有需要笔者可以提供，此处为节约篇幅省去。

（二）结果分析

如表3所示，针对使用群体我们可以发现：

第一，比较经常和经常使用互联网的两组群体认为，如果有人发表批评政府的言论，政府不应该干涉；以互联网为主要信息渠道的群体相对以传统媒体为信息来源的人群，更认同民众有讨论和质疑政府的政策、表达反对意

表 3　网络时代公众政治诉求的提高

因变量	赞成的程度（1=完全不同意；2=比较不同意；3=无所谓同意不同意；4=比较同意；5=完全同意）					
有序 Probit 模型	如果有人发表批评政府的言论，政府不应该干涉	政府会重视我们对政府的态度和看法	脱贫是穷人自己的责任，不是政府的责任	像我们这样的人，对政府的决定没有任何影响	您经常与他人议论有关时事	考虑到您的教育背景、工作能力、资历等各方面因素，您认为自己目前的收入是公平的
回归模型一						
是否使用互联网	−0.045 (0.032)	−0.046 (0.031)	−0.077** (0.032)	−0.082*** (0.031)	0.348*** (0.031)	0.044 (0.032)
样本量	10094	9966	10083	10018	10082	9886
回归模型二						
使用互联网的频率	基准组：从不使用					
较少使用	−0.016 (0.045)	−0.048 (0.042)	−0.122*** (0.042)	−0.109*** (0.041)	0.262*** (0.044)	−0.071 (0.044)
时不时使用	0.028 (0.047)	0.035 (0.044)	−0.053 (0.046)	−0.075 (0.046)	0.327*** (0.044)	0.074 (0.045)
经常使用	0.090* (0.046)	−0.095** (0.044)	−0.078* (0.044)	−0.070 (0.046)	0.415*** (0.043)	0.098** (0.045)
频繁使用	0.130*** (0.050)	−0.101** (0.049)	−0.036 (0.050)	−0.047 (0.052)	0.453*** (0.049)	0.183*** (0.049)
样本量	10044	9956	10046	10007	10064	9835

续表

因变量	赞成的程度（1=完全不同意；2=比较不同意；3=无所谓同意不同意；4=比较同意；5=完全同意）					
有序 Probit 模型	如果有人发表批评政府的言论，政府不应该干涉	政府会重视我们对政府的态度和看法	脱贫是穷人自己的责任，不是政府的责任	像我们这样的人，对政府的决定没有任何影响	您经常与他人议论有关时事	考虑到您的教育背景、工作能力、资历等各方面因素，您认为自己目前的收入是公平的
回归模型三						
信息来源的主要渠道	基准组：传统媒介—报纸杂志广播电视					
互联网和移动互联网	0.108^{***} (0.039)	-0.110^{***} (0.037)	0.024 (0.038)	0.011 (0.040)	0.160^{***} (0.036)	0.166^{***} (0.037)
样本量	9909	9790	9899	9842	9901	9705

注：表中括号里内数值为稳健性标准误，*** 表示该系数在检验水平 1%下显著、** 表示该系数在检验水平 5%下显著、* 表示该系数在检验水平 10%下显著。其他相关控制变量：常数项、性别、是否少数民族、受教育程度、年收入的自然对数、婚姻状况、健康状况、每个年龄组固定效应和所属每个县区的固定效应。

见的诉求与权利，不应该受到干涉。

第二，使用互联网的人群更关注政府在收入分配和公共产品或服务提供上应履行的职能以及发挥的作用，他们大多反对脱贫是穷人自己的责任不是政府的责任这样的观点。

第三，虽然使用互联网越频繁的民众比起其他民众，在一定程度上不大同意政府会重视我们对政府的态度和看法，但是他们又坚信自己的想法和诉求对政府的决定是有影响的。

第四，使用互联网越频繁的人群越经常和他人讨论与时事相关的话题。

第五，相对而言，互联网使用越频繁，采用互联网为主要信息渠道的人群越理性，基于自己的教育背景、工作能力、资历等各方面因素，他们往往认为自己目前的收入是公平的。

总而言之，在信息时代，信息是极其庞大的，网络突破了传统媒体面临的困境成为主要信息源，并在舆论监督上发挥着重要作用。

五、结论与探讨

数字化信息时代，网络突破传统媒体面临的困境成为主要信息源，并在舆论监督上发挥着重要作用。互联网时代下人人参与、人人传播、人人监督，公众能够相对自由地表达诉求。民众诉求的相对自由化、方便化和公开化，使得大众对政府监督的作用得到更显著地发挥。

针对以互联网为代表的新媒体，对提高公众自我表达诉求和公共监督的效果，本文进行了宏观和微观数据的双重检验，并就互联网为代表的新媒体和传统媒体进行了比较分析。通过 2003~2011 年省级面板数据分析，控制住各省平均教育年限、工资比、人均 GDP、城镇化程度、失业率等特征之后，我们发现互联网的运用与推广对降低反腐（政府公职人员犯罪案件数）和刑事案件犯罪率均有积极影响。互联网覆盖率提高 1%，每百万人中公职人员犯罪案件数将显著减少 8.95 件，并能够降低腐败概率和刑事犯罪案件。

本书还采用 2010 年中国综合社会调查微观数据检验了互联网使用和民众诉求的正相关性，检验互联网对政府监督效果的机制渠道。相对于传统媒体用户和以传统媒体为主要信息源的人民群众来说，互联网用户和以互联网为主要信息渠道的民众更愿意理性地表达自我诉求和政治、舆论诉求。互联网络正给大众提供一个披露问题、讨论社会矛盾，释放不满情绪、表达反对意见、探讨时事、参与政治政策的有效空间，而这正是减少腐败，提高政府信任的重要条件。互联网的发展与运用有利于监督政府有效执政，减少公职人员腐败犯罪概率和刑事犯罪率。首先，我国政府可以在有序管理严肃法纪的前提下，适当放松对互联网的管制，从而更好地发挥互联网监督腐败和减少犯罪的作用。其次，完善网络媒体监督的法制化和制度化进程，降低网络监督的无序性和情绪化，保证网络信息的真实性，可以使网络媒体监督成为监督社会和政府的新形式。

具体而言，首先在硬件方面，政府应继续大力推动硬件及技术等基础设施建设，提高网络覆盖率。现阶段，虽然东部发达地区互联网发展迅速，但是在我国，网络的建设、发展很不平衡，尤其是在广大中西部农村地区，公职人员中腐败事件频发，但由于技术原因网络没有覆盖，人们的网络意识淡薄，缺乏对公职人员的网络监督。因此，应该加大对这一部分信息弱势地区的基础设施建设，提高网络普及率，宣传网络知识，消除数字鸿沟。其次在软件方面，政府应充分重视网络民意，积极介入回应，把事件处理的信息及时公开。目前，大量的政府网站、微博信息更新慢，信息公开流于形式，缺乏互动，对公民的正常诉求及网络监督反应缓慢，致使政府在网络舆论引导中处于被动地位，疲于应付。

美国政治学者帕特南（2011）在其著作《独自打保龄球：美国下降的社会资本》中，反思了现代科技尤其是大众媒介给社会资本带来的负面影响，认为现代社会发达的大众传媒削弱了人们的联系，阻碍了市民社会的成长。互联网的出现不仅增强了人们之间的联系，而且扩展了民众的信息来源，更重要的是公民拥有了随时随地沟通和表达诉求的平台。本文研究结果有力地证明了互联网是培养理性公民的有力工具。因此，政府应该充分利用互联网加快公民文化的建设，培养和提高公民良好的民主素养，培养公民多元兼容的公共精神，使公众以公民身份积极参与民主进程和公共生活，关注国家决策和社会发展问题，在网络公共领域中进行民主开放的公共讨论和理性批判，使公众的网络政治参与及诉求表达最大可能地趋于理性化。

附　录

腐败对社会公平感和政府信任的影响

因变量	公平感	对当地政府的信任程度	对中央政府的信任程度
各省公职人员犯罪案件数（每万人）	−0.025** (0.010)	−0.048*** (0.010)	−0.038*** (0.007)
各省平均工资（千元）	−0.018*** (0.007)	0.001 (0.007)	−0.011** (0.005)
收入的自然对数	0.009* (0.005)	0.001 (0.005)	0.007* (0.004)
是否有房产	0.057** (0.024)	−0.047** (0.024)	−0.015 (0.019)
女性	0.063** (0.030)	0.082*** (0.029)	0.004 (0.022)

续表

因变量	公平感	对当地政府的信任程度	对中央政府的信任程度
常数	3.721*** (0.508)	5.563*** (0.464)	5.629*** (0.367)
样本量	5896	5873	5882
R^2	0.106	0.122	0.155

注：表中采用 OLS 估计模型对 CGSS 2010 年中城镇居民进行分析，并将 2010 年各省公职人员犯罪案件数合并入内。表中括号里内数值为稳健性标准误，*** 表示该系数在检验水平 1%下显著、** 表示该系数在检验水平 5%下显著、* 表示该系数在检验水平 10%下显著。其他相关控制变量：常数项、是否少数民族、受教育程度、健康状况、婚姻状况、每个年龄组固定效应和所属每个县区的固定效应。

参考文献

[1] 阿尔文·托夫勒. 第三次浪潮 [M]. 北京：新华出版社，1996.

[2] 程旭. 新媒体时期反腐背景下的舆论监督 [J]. 理论观察，2015 (4).

[3] 方红生，张军. 中国地方政府扩张偏向的财政行为：观察与解释 [J]. 经济学（季刊），2009 (2).

[4] 顾明毅，周忍伟. 网络舆情及社会性网络信息传播模式 [J]. 新闻与传播研究，2009 (5).

[5] 哈贝马斯. 公共领域的结构转型 [M]. 曹卫东译，上海：学林出版社，1999.

[6] 蒋宏. 新媒体传播技术发展趋势研究 [J]. 上海交通大学学报（哲学社会科学版），2008 (6).

[7] 蒋宏，徐剑. 新媒体导论 [M]. 上海：上海交通大学出版社，2006.

[8] 李纲，董琦. Web 2.0 环境下企业网络舆情传播过程的研究及实证分析 [J]. 情报科学，2011 (12).

[9] 廖圣清，李晓静，张国良. 中国大陆大众传媒公信力的实证研究 [J]. 新闻大学，2005 (1).

[10] 罗伯特·帕特南. 独自打保龄球：美国社区的衰落与复兴 [M]. 北京：北京大学出版社，2011.

[11] 刘文富. 国外学者对网络政治的研究 [J]. 政治学研究，2001 (2).

[12] 乐雯. 传统媒体与新媒体监督功能比较研究 [J]. 新闻传播，2014 (9).

[13] 马克·斯劳卡. 大冲突——赛博空间和高科技对现实的威胁 [M]. 江西：江西教育出版社，1999.

[14] 苏振华，黄外斌. 互联网使用对政治信任与价值观的影响：基于CGSS 数据的实证研究 [J]. 经济社会体制比较，2015 (5).

[15] 唐·泰普斯科特. 数字化的成长 [M]. 北京：中国人民大学出版社，2009.

[16] 熊美娟. 政治信任研究的理论综述 [J]. 公共行政评论，2010 (6).

[17] 约翰·奈斯比特. 大趋势——改变我们生活的十个新方向 [M]. 北京：中国社会科学出版社，1984.

[18] 杨柳. 网络媒体监督：社会监督的新形式 [J]. 赤峰学院学报（汉文哲学社会科学版），2013 (7).

[19] 张国良. 新闻媒介与社会 [M] . 上海：上海人民出版社，2001.

[20] 张忠. 网络空间作为一种公共领域的可能性分析 [J]. 北京邮电大学学报（社会科学版），2014 (5).

[21] 章元，刘时菁，刘亮. 城乡收入差距、民工失业与中国犯罪率的上升 [J]. 经济研究，2011 (2).

[22] Andrea Ceron. Internet, News and Political Trust: The Difference Between Social Media and Online Media Outlets [J]. Journal of Computer-Mediated Communication, 2015, 20 (5): 487-503.

[23] Job, Jenny. How is Trust in Government Created? It Begins at Home, But Ends in the Parliament [J]. Australian Review of Public Affairs, 2005, 6 (1): 1-23.

[24] Mishler W. and R. Rose. Trust, Distrust and Skepticism: Popular Evaluations of Civil and Political Institutions in Post-Communist Societies [J]. The Journal of Politics, 1997, 59 (2): 418 -451.

[25] Patricia Moy and Dietram A. Scheufele. Media Effects on Political and Social Trust [J]. Journalism & Mass Communication Quarterly, 2000, 77 (4): 744-759.

[26] Warren M. E. Democracy and Deceit. Regulating Appearances of Corruption [J].

American Journal of Political Science, 2006, 50 (1): 160-174.

[27] Zhao, Dahai and Wei, Hu. Determinants of Public Trust in Government: Empirical Evidence from Urban China [J]. International Review of Administrative Sciences, 2015 (1): 1-20.

周　冬　朱金玉

新旧媒体运用、信息透明化与社会信任

【摘　要】 互联网的使用是否削弱了政治信任？我们使用 2010 年中国综合社会调查（China General Social Survey，CGSS）数据的实证检验表明互联网降低了政治信任程度（包括对中央政府、当地政府、中央媒体和司法系统的信任）。我们还通过安慰剂检验和工具变量（IV）等方法证实了两者间的因果关系：互联网使用的增加导致了政治信任的降低。造成如此效果的原因是因为通过中国的互联网信息透明化，政府部分官员腐败和滥用职权造成民众对政府和官员的负面印象。此外，民众政治参与诉求增加，对政府绩效的期望提高。

【关键词】 互联网使用；政治信任；实证分析；工具变量

一、引言

作为一种重要的社会资本，高度的社会政治信任能显著促进社会发展和经济增长，这种效应主要通过影响居民和企业的政治参与性、合作性、协调性、投资或其他经济决策实现（Ding，2015；Kwon et al.，2013；Nunkoo and Smith，2013；Sohn and Kwon，2016）。信任缺失则会限制政府公共政策的执行力，甚至导致政权颠覆（Sullivan and Transue，1999；OECD，2013；Hooghe and Marien，2013；Edmond，2013；Zmerli and Newton，2017）。无论民主政体还是集权政体，保持政府和公共机构的公信力向来是当局的首要任务。

政治信任既源于长期以来根植于人们文化规范和传统信念，也与公民对政府和制度绩效的评价（如经济发展和公共服务）有关（McAllister，1999；Mishler and Rose，2001；Rothstein，2011）。无论是文化因素还是绩效因素主导了政治信任的形成，媒体都发挥着重要作用，通过培育思想、提供信息、引导民众与政府的互动，影响民众对政府及其表现的看法和期望。因此，民众对政府的满意度不仅与政绩有关，更会随着所获取的信息而变化（Pharr et al.，2000）。更甚之，被操纵的社交媒体足以成为政权变革的潜在催化剂（Edmond，2013）。

在过去几十年里，世界见证了西方民主国家的政治信任危机（Armingeon and Guthmann，2014）。[①] 现有文献认为，媒体要为西方国家民众对政府的信任骤降负主要责任（Blumler and Gurevitch，1995；Cappella and Jamieson，1997；Fallows，2008）。相反，威权体制下，媒体很大程度上受到执政党的管制，被用于培养政治信任感，因而往往被认为能激发公民支持性的政治情感（Kassof，1964；Friedrich and Brzezinski，1956）。例如，常有人主张，在中国，宣传是一种有效政治控制的手段，并成功用于政治动员（Houn，1961；Yu，1964）。一些实证研究也证明，由国家管制的媒体与公民对中国威权体制的支持呈正相关（Li，2004；Kennedy，2009）。由于前所未有的经

① 例如，皮尤研究中心（Pew Research Center）的美国全国选举研究（National Election Studies）显示，“总是”或“大多数时候”相信联邦政府的选民比例从 1958 年的 73%降到 2015 年历史新低的 19%。

济增长和生活水平的提高，中国的政治信任度保持在比许多先进的民主国家更高的水平上。尽管如此，近年来中国的政治信任度仍不断降低（Li，2004；Wang，2006，2007；Zhao and Hu，2015）。那么在引人注目的经济成就和较为严格的媒体管理的环境中，是什么导致民众对政府的信任下降了?

近年来，随着以互联网为主的新媒体在全球范围内迅速发展，中国个人互联网使用也在大幅增长（Zhou and Li，2017）。2016 年，中国网民数已超 7.31 亿人。毫无疑问，互联网可即时传达大量信息，可全球访问及输入、可交互互动，前景广阔，在传播和沟通上发生了革命性的变化。网络社交媒体这些特点和优势给审查制度和官方管理带来很大的挑战。虽然我国政府在网络监管上投入巨大（Yang，2009），但中国互联网用户相较于传统媒体可以接触到更多信息，甚至是传统媒介无法访问的内容。最新的爱德曼信任度调查报告（Edelman Trust Barometer）显示，民众对传统媒体的质疑越来越强烈，对于搜索引擎和其他网络媒体的信任度却日益增加。针对这些情况，我们提出问题："在某种程度上，是不是网络信息化引发了中国的政治信任下降?"

这篇文章研究在媒体受到管制的环境中，中国居民互联网使用与个人的政治信任之间的关系。我们主要使用 2010 年中国综合社会调查（CGSS）数据，实证结果表明在政治信任的四个维度上，即对中央政府、当地政府、中央媒体和司法系统的信任，互联网的使用都造成了负面影响。为了给出全面的解答，我们还对两者的相关性和因果关系做了进一步辨析。存在这样的可能是人们出于对政府的不信任，才用网络替代接受严格审查的传统媒体获取信息，而非互联网的使用削弱了民众对政府的信任。因此，我们使用安慰剂检验和工具变量（IV）证明了两者的负相关关系具有因果性：互联网使用的增加导致了中国政治信任的降低，并给出了这种效应是通过何种机制发生作用的假设性解释。

二、文献综述与理论假设

（一）媒体、信息与政治信任

西方政治信任的急剧下降引起了政治学、社会学和传播学领域学者的高度关注。关于大众媒体对政治信任影响的研究已取得丰富成果。然而，现有文献中存在众多理论假设和实证检验，其中不缺乏互相矛盾的结论（Newton，1999；Aarts，Fladmoe and Strömbäck，2012）。一方面，大量研究支持媒体抑郁论（Media Malaise Theory），即媒体新闻报道过度关注丑闻、腐败、黑社会等，要为政治犬儒主义的螺旋式上升负责（Blumler and Gurevitch，1995；Cappella and Jamieson，1997；Fallows，2008；Newton，1999；Mutz and Reeves，2005）；另一方面，研究者们发现媒体能产生动员的效果（the Mobilization Effect），即媒体提供了更好、更方便地获取政治信息的渠道，能鼓励公民参与政治并增强政治意识（Dalton，1988；Inglehart，1990；Neuman，1986；Newton，1999；Tworzecki and Semetko，2012）。Newton（1999）根据英国的数据得出结论：是媒介的内容，而不是形式（电视或报纸）决定了媒体的影响好坏，例如教育类和信息类新闻能够起激励作用，而耸人听闻的报道会引起不适。

上述研究主要关注电视、报纸等传统媒体，而随着基于互联网的新媒体与在线社交网站迅速发展，学者们将研究兴趣转向了网络。不同于传统媒体的用户，互联网用户不仅是信息的接收者，也是信息的传播者。他们既能上传视听材料，又能在网络论坛上分享自己的观点。这种双向互动的用户体验为公民的政治参与提供了一种方便、有效的形式。但新媒体可能对政治信任会产生一种混合效应。传播学研究揭示了两种相反的方向：互联网使用可能会增强用户的社会联系，从而激发大众的参与积极性（Parks and Floyd，1996；Rheingold，2000），但也可能加剧社会孤立（Kraut et al.，1998；Nie and Erbring，2002）。媒体的动员效应不一定使政治信任度增加，反而可能使用户因政治参与，提高对政府改善经济发展和社会福利的期望值，由此对政府的满意度降低。一些研究发现，互联网使用会对民众的政治参与、政府信任度和遵守政策的程度产生负面影响（Bailard，2012；Im et al.，2012；Pietsch and Martin，2007）。Ceron（2015）进一步区分了新闻网站和线上社交媒体的差异，发现前者的使用与更高的信任度正相关，而使用后者降低了信任度。

（二）中国的政治信任和媒体

中国的政治信任比许多西方国家高（Chen，2004；Li，2004；Shi，2001；Chen et al.，1997；Yang and Tang，2010；Wang，2006）。从文化角度看，这可能是因为亚洲国家普遍推崇的儒家文化强调对当权者的忠诚（Lingle，1996；Wong et al.，2009）。除了传统价值观的影响外，中国民众对官方机构的高度信任主要是因为对制度绩效的良好评价（Yang and Tang，2010）、中国经济的迅速增长和中共政治改革的努力（Wang，2006）。但一些研究呼吁人们要注意近年来中国政治信任下降的趋势（Li，2004；Wang，2007；Zhao and Hu，2015）。Zhao和Hu（2005）认为维护政治信任将会是中国政府面临的巨大挑战。他们指出，对中国城镇居民而言，决定政府信任度的主要因素是对公共服务、广泛民主、政治参与和政府透明度的满意度，且城镇居民对政府的信任远远低于此前其他研究中的值。一个合理的解释是，长期的经济增长将会产生“批判性公民”，他们提高了对上述因素的要求和预期，随之对政府绩效的评价变差（Norris，1999）。

媒体扮演了特殊的角色。与西方民主国家媒体往往愤世嫉俗的报道不同，中国传统媒体，特别是由中宣部直接领导的央媒，只关注正面信息。[①]一些实证研究（Zhao et al.，1994；Bernstein and Lü，2000；Li，2004；Kennedy，2009）证明，在中国的威权体制下，宣传能有效促进对政体和政府的支持。但 Chen 和 Shi（2001）根据 20 世纪 90 年代初的调查数据指出，长期接触官方媒体使民众对权威的态度向负面方向转变。他们认为，如果接收者对媒体传达的信息没有任何质疑，全盘接受，宣传工作就能起效，实行信息轰炸使人过载的意图和做法却迫使人们思考。当人们发现信息与现实不符时，他们将不再信任相应的信息源。Tang（2005）也讨论过媒体曝光带来的这类适得其反的效果。

官方媒体持续轰炸式的宣传和在政治丑闻、官员腐败、社会不公、环境污染严重等问题上试图保持的沉默，也促使人们寻求新的消息来源。随着互联网逐渐普及，中国公民越来越多地使用社交媒体表达观点，传播“非官方”新闻，也更相信网上的信息了（Saich，2012），这可能使中宣部与政府的宣传更加事与愿违。[②]另外，访问国外网站使民众获得了更丰富的信息，内容包括西方民主，更好的公共服务、更透明的治理、更高的言论自由度等。这些信息促使公民提高对广泛民主的要求和对政府绩效的期望。我们推测，基于互联网的新媒体的普及进一步加剧了对官方媒体的不信任，导致了中国政治信任的降低。

---

① 例如 Gong 和 Wang（2008）注意到 2008 年的《人民日报》中负面信息所占比例仅为 4.2%。

② Saich（2012）的研究结果显示，大部分受访者相当或非常相信新浪微博上的信息。

三、数据、变量与方法

本文原始数据来源于 2010 年中国综合社会调查（CGSS，2010）。CGSS 是由中国人民大学调查与数据中心负责执行，是一个全国性、综合性、连续性的调查项目，通过定期系统地收集数据，追踪中国社会结构与生活质量的变化。2010 年的 CGSS 提供了详细的人口、经济、社会和政治信息。更重要的是其提供了本文主要关注的受访者媒体使用情况、收集信息的方式、对社会和政治信任度的主观判断。

（一）因变量

政治信任一般指民众对政治制度、政府、其他公共机构（如司法系统）及现任官员的信任程度（Van der Meer and Zmerli，2017）。本文将从四个维度衡量政治信任，包括对当地政府、中央政府、中央媒体和司法系统的信任。调查问卷中，受访者需要回答“您对中央政府的信任程度怎么样”，选项是“完全不可信”、“比较不可信”、“居于可信与不可信之间”、“比较可信”、“完全可信”，取值分别是 1 到 5。在此基础上，本文构建了两个信任变量：一是上述 5 个选项的有序分类变量；二是将其转化为虚拟变量，“完全可信”或“比较可信”的赋值为 1，其余的赋值为 0。图 1 为政治信任四个维度的分类变量的分布状况。表 1 为变量描述性统计。

如表 1 所示，比起当地政府，中国居民更相信中央政府。这种“央强地弱”的政治信任结构与此前关于中国和其他亚洲国家的研究结论吻合（Kim，2010；Li，2004；Saich，2012；Zhao and Hu，2015；Liu and Raine，2016）。

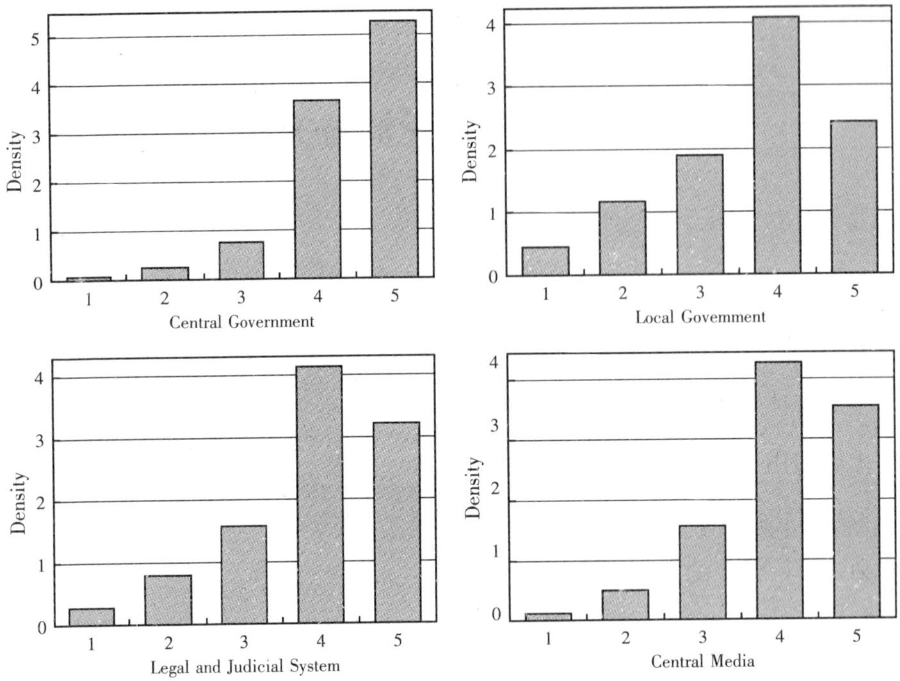

图 1　政治信任四个维度的分类变量的分布状况

数据来源：图中数据由 2010 年 CGSS 居民问卷针对个人情况的调查结果计算得出。受访者会被问及对这些机构的信任程度。1 代表完全不可信，2 代表比较不可信，3 代表居于可信与不可信之间，4 代表比较可信，5 代表完全可信。

表 1　变量描述性统计

变量	样本数	均值	标准差
对中央政府的信任程度	10068	4.402	0.791
对中央媒体的信任程度	10039	4.080	0.906
对司法系统的信任程度	10046	3.915	1.035
对当地政府的信任程度	10056	3.682	1.108
对朋友的信任程度	9706	3.519	0.797
媒体使用情况			
互联网使用：过去一年中是否使用过互联网（是 = 1；否 = 0）	10103	0.327	0.469
互联网使用频率	10103	1.867	1.391
从不 = 1	10103	0.673	0.469
很少 = 2	10103	0.067	0.250

续表

变量	样本数	均值	标准差
媒体使用情况			
有时 = 3	10103	0.070	0.255
经常 = 4	10103	0.100	0.300
总是 = 5	10103	0.090	0.286
信息主要获取渠道			
报纸杂志	9924	0.060	0.237
电视广播	9924	0.808	0.394
互联网	9924	0.132	0.339
人口统计变量［控制组 1］			
女性	10103	0.502	0.500
汉族	10103	0.911	0.285
年龄	10103	47.912	15.354
社会经济变量［控制组 2］			
个人收入（取对数）	10103	8.201	3.149
相对收入	10103	10.020	0.451
健康状况			
非常不健康 = 1	10095	0.037	0.189
不健康 = 2	10095	0.148	0.355
一般 = 3	10095	0.233	0.423
健康 = 4	10095	0.333	0.471
非常健康 = 5	10095	0.249	0.432
受教育程度			
未上过学 = 1	10102	0.127	0.333
小学 = 2	10102	0.236	0.424
初中 = 3	10102	0.300	0.458
高中 = 4	10102	0.192	0.394
高中以上 = 5	10102	0.146	0.353
婚姻状况			
未婚 = 1	10101	0.075	0.263
已婚 = 2	10101	0.822	0.383

续表

变量	样本数	均值	标准差
婚姻状况			
离异或丧偶 = 3	10101	0.103	0.304
风险厌恶程度（1~5）	10086	4.093	1.031
公民参与变量［控制组 3］			
政治意识：是否知道现任人大常委会委员长是谁			
	10103	0.738	0.440
职业类型：是否为科级及以上干部			
	10103	0.025	0.155
阅读有关时事方面的报纸、杂志和书籍的频率（1~5）			
	10075	2.219	1.230
自评的社会地位层次（1~5）			
远低于平均水平 = 1	10086	0.075	0.264
低于平均水平 = 2	10086	0.336	0.472
平均水平 = 3	10086	0.500	0.500
高于平均水平 = 4	10086	0.086	0.281
远高于平均水平 = 5	10086	0.003	0.056
政治面貌			
共产党员	10094	0.130	0.336
民主党派	10094	0.001	0.026
共青团员	10094	0.038	0.191
群众	10094	0.831	0.375

Li（2004）将其归结为儒家文化忠于最高权力的传统。Saich（2012）主张，中国大多数的地方性抗议活动都是由地方官员的不正当或非法行为引起的，而大多数公民将权力滥用视为地方对中央仁政的扭曲。

（二）关键解释变量

本文关注的自变量是互联网使用（非工作相关的互联网使用）频率，其取值 1~5，分别为“从不”、“很少”、“有时”、“经常”、“总是”使用互联网。与处理信任变量时类似，我们构建了两个变量：一是取值 1~5 的有序分类变量（互联网使用频率）。二是虚拟变量（互联网使用），如果受访者过去一年中使用过互联网，赋值为 1，否则赋值为 0（见表 1）。32.7%的受访者表示在过去一年中使用过互联网（见表 1），接近中国互联网络信息中心（China Internet Network Information Center，CNNIC）发布的 2010 年的互联网普及率数据 34.3%，样本具有代表性。[①] 此外，13.24%的受访者将互联网作为主要信息来源。图 2 和图 3 分别展现了各省居民对当地政府的信任度均值和互联网使用均值，可以看出其中可能存在的负相关关系。

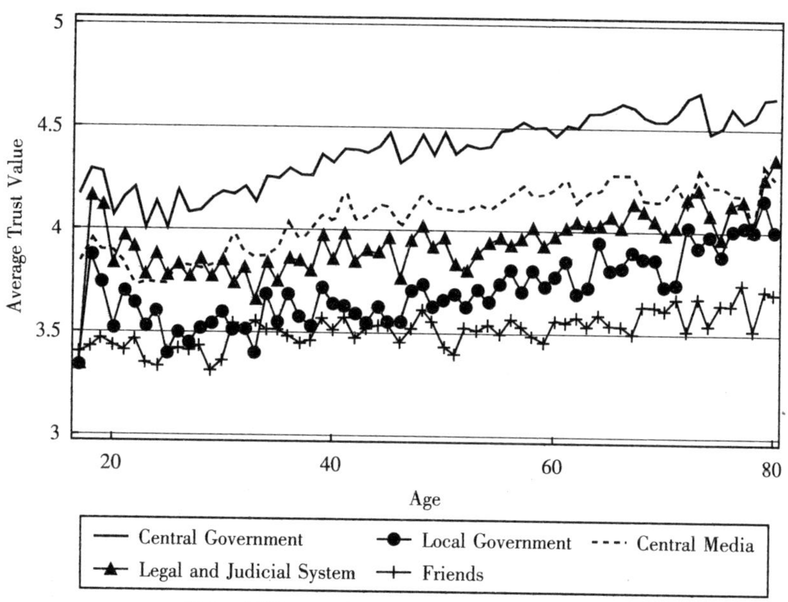

图 2　Different Types of Trust over Ages

Source：the graph is computed with data at individual level from the nationwide household survey, 2010 CGSS and we compute the cohort average value for each age cohort.

① 网址：http：//www.cnnic.cn/hlwfzyj/hlwxzbg/hlwtjbg/201206/t20120612_26718.htm.

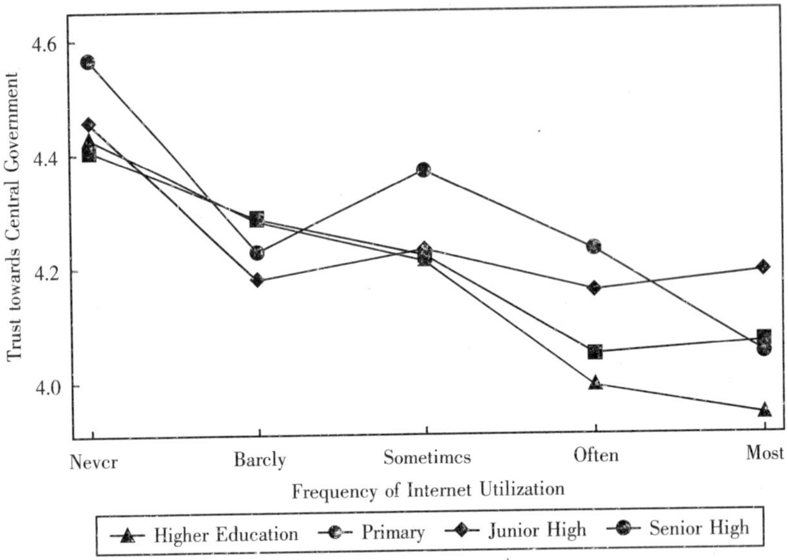

图 3　**Trust in Government, Internet Utilization and Education Attainment**

Source: the graph is computed with data at individual level from the nationwide household survey, 2010 CGSS and we compute the average value for each education level and different internet utilization frequency.

（三）其他自变量

我们考虑的第一组控制变量包括性别、年龄、民族、取自然对数的个人收入、相对收入（如一个人的家庭收入与当地平均水平之间的差异），自我报告的健康状况、受教育程度、婚姻状况和区域固定效应。这些社会经济与人口统计学的基本特征塑造了一个人的性格、价值观和心态，部分解释了政治信任的不同。

第二组控制变量反映了政治意识和公民参与度，包括是否知道现任人大常委会委员长是谁，是否现任政府公职人员，以及阅读有关时事方面的报纸、杂志和书籍的频率。此外，受到控制的还有自评的社会地位层次与政治面貌。这组变量也很可能与一个人的信任水平有关。我们首先不控制第二组变量，其次加入第二组控制变量，两者回归结论相同。

四、实证模型与实证结果

（一）概率估计模型

模型设定如下：

$Trust_i = f(Internet\ Use_i, X_i) + \varepsilon_i$

式中，X 是一组控制变量的向量，包括社会经济特征，有关公民参与的变量，个人特征（如虚拟变量性别、民族、健康状况、受教育程度、收入、婚姻状况），年龄组固定效应和省份固定效应。ε 是干扰项。信任（Trust）是衡量信任水平的有序分类变量，取值范围为 1~5。本文采用 Ordered Probit 回归模型估计受访者对中央政府、中央媒体、司法系统、当地政府和朋友 5 个不同对象的信任程度。值得注意的是，本文同时进行了 OLS 模型和 Ordered Probit 模型估计，两者结论性质一致。

我们根据受访者互联网使用经历构建了虚拟变量“互联网使用”。回归结果见表 2，其中每一列代表针对不同信任对象的回归结果。[①] 首先，互联网使用对政治信任的四个维度的回归系数都显著为负，即互联网用户的政治信任度比不上网的人低，表明互联网使用（从新社交媒体获取信息）削弱了中国的政治信任。该结论与 Pietsch 和 Martin（2007） 关于澳大利亚的研究、Im 等（2012）关于韩国的研究、Bailard（2012）关于 2010 年坦桑尼亚总统大选的研究和 Ceron（2015）关于 27 个欧洲国家（互联网的社会功能）的研

① 表格只给出了我们感兴趣的控制变量的估计值。如需要完整结果，可向笔者索取。

究结论一致。其次，互联网使用对中央政府和中央媒体公信力造成的负面影响比对当地政府的更强。显然，对当地政府的信任更多取决于公民对地方公共服务水平、公共政策实施情况、观察到的地方官员的行为、其相关咨询和要求收到的回应的亲身感受，而不是主要受媒体影响。但民众与中央政府之间，虽然不是完全不存在互动，但联系也极其有限，因此对中央政府的信任度可能完全取决于从媒体处获得的信息。

回归结果还表明，年轻人和受教育程度更高的人一般更容易质疑政治机构。这与 Chen 和 Shi（2001）根据 20 世纪 90 年代调查数据得出的结论相符。本身绝对收入没有显著影响（见表 2），但家庭收入与当地平均水平间差异的回归系数显著为负，可见社会不平等使社会信任度降低。我们用储蓄习惯衡量个人风险厌恶程度。回归结果显示，习惯将节余的钱存入银行账户的受访者有更高的信任度。可能的原因是如果担心现任政府崩溃将导致灾难性的经济与社会后果，厌恶风险的居民就可能会选择支持政府。Wang（2007）认为，对政治革命造成的社会不稳定和失序的担忧可能部分解释了中国的高政权支持度。此外，我们发现离婚或丧偶状态的受访者对政府信任度较低，因为在中国社会保障与其他社会福利方案尚不完善的环境下，这部分群体可能面临着经济困难，因此对政府支持和信任不高。

表 2　互联网使用对信任的影响

信任（1~5）	（1）中央政府	（2）中央媒体	（3）司法系统	（4）当地政府	（5）朋友
互联网使用 （是否使用）	−0.204*** (0.035)	−0.157*** (0.033)	−0.091*** (0.032)	−0.069** (0.031)	−0.007 (0.032)
平均边际效应 （信任水平=5）	−0.072*** (0.012)	−0.054*** (0.011)	−0.030*** (0.011)	−0.020** (0.009)	−0.001 (0.005)
受教育程度	基准组：未上过学				
小学	−0.014 (0.048)	−0.043 (0.044)	−0.048 (0.044)	−0.045 (0.043)	0.010 (0.045)

续表

信任（1–5）	（1）中央政府	（2）中央媒体	（3）司法系统	（4）当地政府	（5）朋友
受教育程度	基准组：未上过学				
初中	−0.137*** (0.050)	−0.140*** (0.046)	−0.236*** (0.046)	−0.191*** (0.046)	−0.042 (0.047)
高中	−0.203*** (0.056)	−0.251*** (0.052)	−0.311*** (0.052)	−0.178*** (0.051)	−0.077 (0.052)
高中以上	−0.308*** (0.066)	−0.312*** (0.061)	−0.280*** (0.061)	−0.128** (0.059)	0.010 (0.061)
个人收入（取对数）	0.009** (0.005)	0.001 (0.004)	−0.002 (0.004)	−0.003 (0.004)	−0.001 (0.004)
相对收入	−0.380* (0.220)	−0.376* (0.194)	−0.263 (0.196)	−0.375** (0.179)	−0.704*** (0.195)
风险厌恶程度	0.128*** (0.013)	0.125*** (0.012)	0.129*** (0.012)	0.103*** (0.012)	0.028** (0.012)
样本数	10013	9985	9991	10002	9658

注：本表为 Ordered Probit 模型下的回归结果，并计算了 5 种信任水平的关键解释变量的平均边际效应。数据括号内为稳健标准差。显著性水平：*** 代表 $p < 0.01$，** 代表 $p < 0.05$，* 代表 $p < 0.1$。其他控制变量包括女性，民族，职业属性，自我报告的社会地位，阅读有关时事方面的报纸、杂志和书籍的频率，政治面貌（是否共产党员），健康状况，婚姻状况，汉族，年龄固定效应和省份固定效应。

我们进行了不同的模型设置（不同的人口及社会经济控制变量，短和长回归模型估计）、不同的估计方法（如 Probit 概率估计和线性概率估计），结果稳健。另外，我们还用描述互联网使用频率的有序分类变量代替刻画过去一年内是否使用过互联网的虚拟变量，重新进行回归。所有的实证检验支持互联网使用与政治信任间存在负相关关系这一结论（见表 3）。①

（二）安慰剂检验

以上结果说明中国的互联网使用与政治信任间存在显著负相关关系，为了确认是否存在因果关系，我们进行了两个安慰剂检验。如上文所述，传统

① 更多结果如有需要可向笔者索取。

表 3　不同模型下的互联网使用与信任

面板 A	Ordered Probit 模型				
信任（1~5）	（1）中央政府	（2）中央媒体	（3）司法系统	（4）当地政府	（5）朋友
互联网使用频率	基准组：从不				
很少	−0.170*** (0.050)	−0.134*** (0.046)	−0.047 (0.044)	−0.093** (0.043)	0.009 (0.044)
有时	−0.169*** (0.049)	−0.127*** (0.046)	−0.055 (0.045)	−0.009 (0.044)	−0.011 (0.044)
经常	−0.293*** (0.048)	−0.188*** (0.046)	−0.182*** (0.044)	−0.114*** (0.043)	−0.015 (0.044)
总是	−0.195*** (0.053)	−0.196*** (0.050)	−0.137*** (0.049)	−0.071 (0.047)	−0.026 (0.048)
样本数	9997	9969	9975	9986	9643
面板 B	Probit 模型				
信任（1，0 虚拟变量）	（1）中央政府	（2）中央媒体	（3）司法系统	（4）当地政府	（5）朋友
互联网使用	−0.148*** (0.052)	−0.105** (0.044)	−0.076* (0.041)	−0.089** (0.040)	−0.014 (0.039)
平均边际效应	−0.024*** (0.008)	−0.028** (0.012)	−0.023* (0.013)	−0.031** (0.014)	−0.005 (0.015)
样本数	9880	9966	10032	10028	9651
面板 C	线性回归模型（OLS）				
信任（1，0 虚拟变量）	（1）中央政府	（2）中央媒体	（3）司法系统	（4）当地政府	（5）朋友
互联网使用	−0.029*** (0.010)	−0.031** (0.013)	−0.027** (0.014)	−0.031** (0.014)	−0.005 (0.015)
样本数	10013	9985	10041	10041	9658
R^2	0.078	0.081	0.082	0.077	0.052

注：数据括号内为稳健标准差。显著性水平：*** 代表 $p<0.01$，** 代表 $p<0.05$，* 代表 $p<0.1$。其他控制变量包括女性，风险厌恶程度，政治意识，阅读习惯，个人收入的自然对数，相对收入，民族，受教育程度，自我报告的社会地位，阅读有关时事方面的报纸、杂志和书籍的频率，政治面貌（是否共产党员），健康状况，婚姻状况，汉族，年龄固定效应和省份固定效应。

媒体很大程度上受到中央政府和执政党管制，主要发布正面消息以树立政府和领导人值得信赖的形象，而互联网提供了丰富多样可能不同甚至冲突的信息，后者更可能带来负面冲击。

第一个安慰剂检验比较了不同信息源的效果。表 4 为代表主要信息源的虚拟变量的回归结果。以互联网为主要信息源的人政治信任度较低，而将传统媒体（包括电视、广播、报纸杂志）作为主要信息源对当地政府和中央政府的信任度没有显著影响，表明互联网的使用导致了政治信任下降。

表 4　新媒体与传统媒体作为主要信息源的影响比较

信任（1~5）	（1）中央政府	（2）中央媒体	（3）司法系统	（4）当地政府	（5）朋友
主要信息源	基准组：报纸杂志				
互联网和移动互联网	−0.158*** (0.056)	−0.053 (0.053)	−0.033 (0.052)	−0.174*** (0.051)	−0.008 (0.051)
电视广播	0.008 (0.047)	0.051 (0.044)	0.119*** (0.043)	−0.040 (0.043)	0.011 (0.042)
样本数	10072	10044	10050	10061	9706
	平均边际效应（最信任=5）				
互联网和移动互联网	−0.056*** (0.02)	−0.018 (0.018)	−0.011 (0.017)	−0.051*** (0.015)	−0.001 (0.007)
电视广播	0.003 (0.02)	0.017 (0.015)	0.040*** (0.014)	−0.012 (0.013)	0.002 (0.006)

注：数据括号内为稳健标准差。显著性水平：*** 代表 $p < 0.01$，** 代表 $p < 0.05$，* 代表 $p < 0.1$。其他控制变量包括女性、风险厌恶程度、政治意识、阅读习惯、个人收入的自然对数、相对收入、民族、受教育程度、自我报告的社会地位、政治面貌（是否共产党员）、健康状况、婚姻状况、汉族、年龄固定效应和省份固定效应。

第二个安慰剂检验比较了互联网对政治信任和对他人信任的影响。互联网对政治信任的四个维度都有显著负影响，但与对朋友的信任没有显著关系（见表 2 和表 3）。即使社交网站已成为联系朋友的重要方式，朋友间的信任仍然主要来自面对面的互动和直接人际交流方式。但在公民形成和改变对政府的态度的过程中，与政府的互动越少，媒体就越重要。这些结果表明，互联网使用与政治信任降低之间存在因果联系。

(三) 基于工具变量的因果分析

本文检验因果关系的第二种方法是利用工具变量 (IV)。工具变量需要与关注的自变量“互联网使用”(Internet Utilization) 相关，但和因变量“信任”(Trust) 不直接相关。我们首先采用“过去家里曾经买过几台计算机”作为工具变量。它刻画了受访者的互联网接触的设备状况，与个人现在互联网使用高度相关，但与目前的政治信任度不直接相关。例如，您父母之前购买的计算机可能与您当前的政治信任度不相关，但可以作为估计您互联网可访问性的一个优秀指标。

根据两阶段最小二乘法 (2SLS) 所得计量模型设计如下：

$$\text{Internet Utilization}_i = \alpha_i + \beta \cdot IV_i + \gamma \cdot X + \varepsilon_i$$

$$\text{Trust}_i = \lambda + \delta \cdot \text{Predicted Internet Utilization}_i + \kappa \cdot X + \varepsilon_i$$

检验结果见表 5 的面板 A。我们用虚拟变量衡量信任度和互联网使用频率，并将工具变量纳入线性概率模型中，直接做工具变量回归。第一阶段的结果显示，购买过的计算机数量和互联网使用频率之间存在显著正相关关系，F 统计量 (弱工具变量检验) 大于 10。工具变量估计法同样支持我们结论的稳健性，即互联网使用会对中国的政治信任产生负面影响，但对朋友间的信任无显著影响。具体而言，根据面板 A 的工具变量估计值，互联网使用令对中央政府的信任度下降了 17%，对当地政府的信任度下降了 14%。2SLS 的估计值一般会更大。一方面，2SLS 的估计值代表局部平均影响效应，曾经购买过计算机数量越多的家庭，家庭状况较好，这种情况下家庭成员更有可能受过良好教育，多为“批判性公民”，影响效应更大，IV 估计参数很可能抓住了这部分效应；另一方面，OLS (见表 3 的面板 C) 可能会有向零的偏误，因为受访者自我报告的政治信任度可能虚高，存在测量误差，使 OLS 估计值偏高接近 0，比工具变量法的估计值小得多。

表 5　基于工具变量的因果分析

是否信任（1，0 虚拟变量）	（1）中央政府	（2）中央媒体	（3）司法体系	（4）当地政府	（5）朋友
面板 A：工具变量估计 I					
互联网使用（是=1；否=0）	-0.169^{***} (0.046)	-0.166^{***} (0.053)	-0.287^{***} (0.056)	-0.139^{**} (0.058)	−0.081 (0.061)
第一阶段家里曾买过的计算机数量	0.122^{***}	0.122^{***}	0.122^{***}	0.122^{***}	0.122^{***}
弱工具变量检验中的 F 统计量	89.60	89.32	89.81	89.81	85.75
样本数	9951	9923	9979	9979	9598
面板 B：工具变量估计 II					
互联网使用（是=1；否=0）	-0.135^{***} (0.043)	-0.177^{***} (0.051)	-0.298^{***} (0.054)	-0.143^{**} (0.057)	−0.076 (0.061)
样本数	9525	9495	9548	9548	9171
第一阶段家里曾买过的计算机数量	0.164^{***} (0.011)	0.164^{***} (0.011)	0.164^{***} (0.011)	0.164^{***} (0.011)	0.164^{***} (0.011)
灯光 * 家里曾买过的计算机数量	-0.003^{***} (0.0007)	-0.003^{***} (0.0007)	-0.003^{***} (0.0007)	-0.003^{***} (0.0007)	-0.003^{***} (0.0007)
弱工具变量检验中的 F 统计量	146.54	146.21	146.98	146.98	142.35
过度识别检验中的 P 值	P=0.691	P=0.441	P=0.374	P=0.726	P=0.731
Kleibergen-Paap rk LM 统计量	431.851	430.87	432.97	432.97	419.74
Cragg-Donald Wald F 统计量	355.927	355.28	356.82	356.81	338.75

续表

是否信任（1，0 虚拟变量）	（1）中央政府	（2）中央媒体	（3）司法体系	（4）当地政府	（5）朋友
面板 C：工具变量估计Ⅲ					
互联网使用（是=1；否=0）	-0.165^{***} (0.045)	-0.150^{***} (0.050)	-0.255^{***} (0.054)	-0.140^{**} (0.056)	−0.090 (0.058)
样本数	9941	9913	9969	9969	9589
第一阶段家里曾买过的计算机数量	0.176^{***} (0.012)	0.176^{***} (0.012)	0.176^{***} (0.012)	0.176^{***} (0.012)	0.176^{***} (0.012)
省内互联网宽带接入端口数 * 家里曾买过的计算机数量	-0.00007^{***} (0.00001)	-0.00007^{***} (0.00001)	-0.00007^{***} (0.00001)	-0.00007^{***} (0.00001)	-0.00007^{***} (0.00001)
弱工具变量检验中的 F 统计量	174.35	174.11	175.25	169.83	169.83
过度识别检验中的 P 值	P = 0.957	P = 0.421	P = 0.0913	P = 0.7821	P = 0.513
Kleibergen-Paap rk LM 统计量	461.72	460.88	464.25	450.47	450.47
Cragg-Donald Wald F 统计量	376.42	375.74	378.69	360.24	360.24

注：数据括号内为稳健标准差。显著性水平：*** 代表 $p<0.01$，** 代表 $p<0.05$，* 代表 $p<0.1$。其他控制变量同表 3。

为了寻找更多的证据支持，我们进一步将地理差异纳入工具变量中。灯光数据可用于衡量区域经济发展状况（Henderson et al.，2012；Hodler and Raschky，2014；Xu Kangning et al.，2015），因此我们将各省的灯光数据及之前使用的变量“家中曾经拥有计算机的数量”作为工具变量。[①] 由于各省的灯光数据为省级层级数据，其单独作为回归变量的话，主效应将被“省份”虚拟变量吸收。为了解决这个问题，我们加入的工具变量为，第一，家庭曾经计算机拥有量；第二，家庭曾经计算机拥有量与各省灯光数据的交叉项。

所得计量模型设计如下：

$$\text{Internet Utilization}_{ip} = \alpha_i + \beta_1 \cdot IV_{ip} + \beta_2 \cdot IV_{ip} \times \text{Light}_p + \gamma \cdot X + \varepsilon_i$$

$$\text{Trust}_i = \lambda + \delta \cdot \text{Predicted Internet Utilization}_i + \kappa \cdot X + \varepsilon_i$$

式中，下标 p 代表省份，i 代表个人。两阶段最小二乘法（2SLS）的估计结果见表 5 的面板 B，同样也支持我们结论的稳健性，即互联网使用会对中国的政治信任产生负面影响，但对朋友间的信任无显著影响。根据面板 B 的工具变量估计，互联网使用令对中央政府的信任度降低了 14%，对当地政府的信任度降低了 14.7%。我们还列出了第一阶段的 F 检验（弱工具变量）、弱识别检验、识别不足检验，以及过度识别检验中的 P 值。F 统计量大，拒绝零假设，并为各列提供了重要的第一阶段的证据。P 值大，表明工具变量通过了过度识别检验。Kleibergen-Paap rk LM 统计量和 Cragg-Donald Wald F 统计量也表明工具变量通过了弱识别检验和识别不足检验。

有趣的是，尽管灯光使用和计算机拥有量都与互联网使用有正相关关系（参见附录表），但其交叉项在第一阶段的系数却显著为负。经济更发达的地

---

① 数据为 2010 年当地平均灯光亮度，来源为美国国家海洋和大气管理局（National Oceanic and Atmospheric Administration，NOAA）。

区有更快的生活节奏和更多样化的互联网使用目的（如工作相关的用途），这可能合理地减少了互联网的社交使用和休闲使用，从而削弱了互联网使用对政治信任的影响。控制了微观层面上计算机拥有量和各省的具体差异（虚拟变量组省份）后，其交叉项能在一定程度上反映出这种削弱作用。最后，我们使用 2009 年各省省内互联网宽带接入端口数取代灯光数据，也可以得到类似的结果（见表 5 的面板 C）。

总而言之，我们发现互联网接入对政治信任始终有显著的负面影响。安慰剂检验和工具变量法的结果都有力地支持了互联网使用对政治信任造成了负面影响，且两者间存在因果关系这一结论。

（四）讨论

通过上述证实分析，我们可以知道互联网使用在一定程度上导致了中国政治信任的降低。但更棘手的问题是：互联网是通过什么样的机制使政治信任降低的？传统媒体受到严格控制的环境下，互联网是最有可能传播负面信息的渠道。由于中国公民越来越相信网上的信息（Saich，2012），这些信息可能会强化民众对政府、现任官员和执法者的负面印象，破坏政治信任。毕竟，信任是主观的，一般指“对某个个人或组织的行为持积极看法”（OECD，2013）。

为了进一步研究互联网使用用于影响政治信任的潜在机制，我们根据受访者回答有关社会政治参与、政治理解、对政治监督水平的要求等 5 个问题的回答，构建了五个有序分类变量（见表 6）。我们首先用 Ordered Probit 模型评估互联网使用对这些方面的影响，再用受访者家中曾经买过的计算机数量作为工具变量进行验证。结果见表 6、表 7。

表 6　互联网使用对公众观念的影响

	分类变量（观念）				
因变量	（1）社会/政治参与	（2）政府与居民的互动	（3）政治理解	（4）脱贫	（5）政治监督
面板 A	衡量互联网使用的指标一				
Ordered Probit 模型					
互联网使用（是否使用）	0.128*** (0.032)	−0.069** (0.032)	0.105*** (0.032)	0.048 (0.032)	0.064* (0.033)
样本数	10022	9903	9978	9987	9937
面板 B	衡量互联网使用的指标二				
互联网使用频率	基准组：从不				
很少	0.081* (0.043)	−0.067 (0.043)	0.051 (0.044)	0.091** (0.043)	0.014 (0.044)
有时	0.089** (0.045)	0.005 (0.044)	0.134*** (0.045)	0.025 (0.047)	0.072 (0.048)
经常	0.186*** (0.043)	−0.119*** (0.045)	0.127*** (0.047)	0.044 (0.045)	0.079 (0.049)
总是	0.203*** (0.050)	−0.125** (0.050)	0.134** (0.052)	0.001 (0.051)	0.137** (0.054)
样本数	10022	9903	9978	9987	9937

注：表中为 Ordered Probit 模型下的结果。数据括号内为稳健标准差。显著性水平：*** 代表 $p<0.01$，** 代表 $p<0.05$，* 代表 $p<0.1$。其他控制变量同表 2~表 5。

（1）社会/政治参与——我愿意并会经常和他人讨论新闻时事：1=完全不同意；2=比较不同意；3=无所谓同意不同意；4=比较同意；5=完全同意。

（2）政府与居民的互动——政府官员会重视我们对政府和公共事务的态度和看法：1=完全不同意；2=比较不同意；3=无所谓同意不同意；4=比较同意；5=完全同意。

（3）政治理解——政府的工作太复杂，像我这样的人很难明白：5=完全不同意；4=比较不同意；3=无所谓同意不同意；2=比较同意；1=完全同意。

（4）脱贫——脱贫是穷人自己的责任：1=完全同意；2=比较同意；3=无所谓同意不同意；4=比较不同意；5=完全不同意。

（5）政治监督——只要纳了税，就有权利讨论政府怎么花钱：1=完全不同意；2=比较不同意；3=无所谓同意不同意；4=比较同意；5=完全同意。

基于这些结果，我们给出进一步的解释。互联网用户更常与他人讨论时事。互联网不仅提供新闻和社会事件方面的丰富信息，还提供了互动讨论的

表 7 工具变量法检验互联网使用对公众观念的影响

因变量	分类变量（观念）				
	社会/政治参与	政府与居民的互动	政治理解	扶贫	政治监督
工具变量法结果一					
第二阶段估计（线性概率模型）					
互联网使用（是否使用）	0.079 (0.100)	−0.299** (0.124)	0.233* (0.134)	0.239* (0.138)	0.354*** (0.129)
样本数	9966	9849	9923	9932	9883
工具变量法结果二					
第二阶段估计（Ordered Probit 模型）					
互联网使用的概率	0.086 (0.133)	−0.247** (0.124)	0.232* (0.133)	0.188 (0.128)	0.400*** (0.140)
第一阶段估计（线性概率模型）					
买过的计算机数量	0.122*** (0.007)	0.122*** (0.007)	0.122*** (0.007)	0.122*** (0.007)	0.122*** (0.007)
弱工具变量检验中的 F 统计量	89.60	89.32	89.81	89.81	85.75

注：表中为两种方法下不同的回归结果。数据括号内为稳健标准差。显著性水平：*** 代表 $p<0.01$，** 代表 $p<0.05$，* 代表 $p<0.1$。其他控制变量同上。

平台，因此中国网民有更高的社会政治参与度。在互联网用户表现出对政治理解更高的自我评价时，互联网也可能会成为民众了解政府如何运作的一个有效渠道。网民倾向于认为，只要纳了税，就有权利讨论政府如何花钱——这是要求政治监督的呼声。简言之，同为中国公民，网民对政治参与和监督的要求比不使用互联网的人更高。预期变高有助于解释中国令人注目的经济成就下政治信任的降低，也从另一侧面反映了主要回归结果中社会收入不均等降低社会政治信任的结论。Dalton（2005）发现，很大程度上是公民预期的改变，而非政府的失败，导致了先进工业民主国家的政治支持流失。

综上所述，我们推测，对政府和官员的看法朝不利方向变化，公共领域政治参与的诉求增加和对政府绩效的期望变高，都与互联网的使用有关，并可能已经有力地削弱了中国的政治信任。这些假设有待在未来的研究中进一步收集数据并加以验证。

五、结语

互联网在世界范围内发展迅速，已成为受信赖和被追捧的信息获取渠道，并对沟通传播产生了深远的影响。随着信息和信息传递的方式成为舆论形成的关键，互联网可能在塑造公众政治信任的过程中发挥着不平凡的作用。与大量探索传统媒体对政治信任影响的文献相比，目前有关互联网使用对政治信任的影响的研究相对较少。此外，相关实证研究集中在民主程度高，当权者对媒体的控制较弱的国家。本文则考察了在媒体受控制、信息被审查的中国，互联网使用对政治信任的影响。

使用 CGSS 数据，我们发现：互联网的使用对中国政治信任的各个维度（即中央政府、中央媒体、司法体系和当地政府）产生了负面影响，但对朋友间的交流与信任则无显著影响。通过对信息主要获取渠道不同的受访者进行比较，发现互联网用户的政治信任度低于传统媒体的用户。计算机拥有量，各省灯光数据和省宽带接入端口等代表互联网使用的工具变量在解释政治信任变量上都有统计学上的显著性。

我们推测，互联网的使用，使得信息由闭塞向多元化发展，非完全信息集引发民众对政府和官员的看法朝不利方向变化。根据 Lee（2017）采用跨国面板数据的实证检验结果，媒介自由度与社会信任之间存在 V 型关系。我国现阶段处于临界值的左边，两者为负相关。此外，经济发展，伴随人们生活水平的提高，人民政治监督的诉求增加，对政府绩效的期望变高，从而削弱了政治信任。保持较高的政治信任度对经济可持续增长和社会发展有重要意义。中国政府，尤其是地方政府，应该满足公民日益增长的政治参与诉求，提高公共服务水平，以恢复民众对政府和官员的操守的信心。未来的研究应进一步收集数据，调查互联网使用对中国政治信任的负面影响是通过何种机制发生作用的。

附　录

相关系数矩阵

	V1	V2	V3	V4	V5	V6	V7	V8	V9	V10
	家里曾经买过的计算机数量	灯光	省内宽带接入端口数	互联网使用频率	互联网使用	对中央政府的信任程度	对中央媒体的信任程度	对司法体系的信任程度	对当地政府的信任程度	对朋友的信任程度
V1	1									
V2	0.2875	1								
V3	0.2575	0.3789	1							
V4	0.5483	0.2151	0.1642	1						
V5	0.5041	0.1892	0.155	0.8934	1					
V6	−0.1287	−0.1267	−0.090	−0.1425	−0.133	1				
V7	−0.1285	−0.1268	−0.088	−0.1553	−0.1332	0.4376	1			
V8	−0.1252	−0.1266	−0.0644	−0.0953	−0.0841	0.4469	0.3541	1		
V9	−0.0526	−0.0391	−0.0357	−0.0555	−0.0593	0.4062	0.3099	0.4893	1	
V10	−0.0115	−0.0346	−0.0343	−0.0097	−0.0037	0.1324	0.1595	0.1521	0.2119	1

参考文献

[1] Aarts, K., Fladmoe, A. & Strömbäck, J. Media, Political Trust, and Political Knowledge [J]. How Media Inform Democracy: A Comparative Approach, 2012 (1): 98.

[2] Armingeon, K., & Guthmann, K. Democracy in Crisis? The Declining Support for National Democracy in European Countries, 2007-2011 [J]. European Journal of Political Re-search, 2014, 53 (3): 423-442.

[3] Bailard, C. S. A Field Experiment on the Internet's Effect in an African Election: Savvier Citizens, Disaffected Voters, or Both? [J]. Journal of Communication, 2012, 62 (2): 330-344.

[4] Brainard, L. A. Citizen Organizing in Cyberspace: Illustrations from Health Care and Implications for Public Administration [J]. The American Review of Public Administration, 2003, 33 (4): 384-406.

[5] Bernstein, T.P. & Lü, X. Taxation Without Representation: Peasants, the Central and the Local States in Reform China [J]. The China Quarterly, 2000 (163): 742-763.

[6] Blumler, J. G. & Gurevitch, M. The Crisis of Public Communication [J]. Routledge, 1995 (1): 7-14.

[7] Cappella, J. N. & Jamieson, K. H. Spiral of Cynicism: The Press and the Public Good [M]. Oxford University Press, 1997.

[8] Ceron, A. Internet, News and Political Trust: The Difference Between Social Media and Online Media Outlets [J]. Journal of Computer-Mediated Communication, 2015, 20 (5): 487-503.

[9] Ceron, A. & Memoli, V. Flames and Debates: Do Social Media Affect Satisfaction with Democracy? [J]. Social Indicators Research, 2016, 126 (1): 225-240.

[10] Chen, J. Popular Political Support in Urban China [M]. Wahshington, DC: Wpp-drpw Wilson Center Press, 2004.

[11] Chen, J., Zhong, Y. & Hillard J. Assessing Political Support in China: Citizen's Evaluation of Governmental Effectiveness and Legitimacy [J]. Journal of Contemporary China,

1997, 6 (16): 551-566.

[12] Chen, X. & Shi, T. Media Effects on Political Confidence and Trust in The PRC in the Post-Tiananmen Period [J]. East Asia: An International Quarterly, 2001, 19 (3): 84-118.

[13] Dalton, R. J. Citizen Politics in Western Democracies: Public Opinion and Political Parties in the United States, Great Britain, West Germany, and France [M]. Chatham House Publishers, 1988.

[14] Dalton, R. J. The Social Transformation of Trust in Government [J]. International Review of Sociology, 2005, 15 (1): 133-154.

[15] Ding, Z., Au, K., & Chiang, F. Social Trust and Angel Investors' Decisions: A Multilevel Analysis Across Nations [J]. Journal of Business Venturing, 2015, 30 (2): 307-321.

[16] Edmond, C. Information Manipulation, Coordination and Regime Change [J]. Review of Economic Studies, 2013, 80 (4): 1422-1458.

[17] Fallows, J. Breaking the News How the Media Undermine American Democracy [M]. Paw Prints, 2008.

[18] Friedrich, C.J. & Brzenzinski, Z.K. Totalitarian Dictationship and Autocracy [M]. Cambridge: Harvard University, 1956.

[19] Hanitzsch, T. & Berganza, R. Explaining Journalists' Trust in Public Institutions Across 20 Countries: Media Freedom, Corruption and Ownership Matter Most [J]. Journal of Communication, 2012, 62 (5): 794-814.

[20] Henderson, J. V., Storeygard, A. & Weil, D. N. Measuring Economic Growth from Outer Space [J]. The American Economic Review, 2012, 102 (2): 994-1028.

[21] Hodler, R. & Raschky, P. A. Regional Favoritism [J]. The Quarterly Journal of Economics, 2014, 129 (2): 995-1033.

[22] Hooghe, M. & Marien, S. A Comparative Analysis of the Relation between Political Trust and forms of Political Participation in Europe [J]. European Societies, 2013, 15 (1): 131-152.

[23] Houn, F.W. To Change a Nation: Propaganda and Indoctrination in Communist China

Glenoe [M]. New York: Free Press, 1961.

[24] Inglehart, R. Culture Shift in Advanced Industrial Society [M]. Princeton University Press, 1990.

[25] Im, T., Cho, W., Porumbescu, G. & Park, J. Internet, Trust in Government, and Citizen Compliance [J]. Journal of Public Administration Research and Theory, 2012, 24 (3): 741-763.

[26] Iddisah Sulemana, Ibrahim Issifu. An Empirical Examination of the Determinants of Trust in Ghana [J]. International Journal of Social Economics, 2015, 42 (11): 1005-1023.

[27] Job, J. How is Trust in Government Created? It Begins at Home, But Ends in the Parliament [J]. Australian Review of Public Affairs, 2005, 6 (1): 1-23.

[28] Kassof, A. The Administered Society: Totalitarianism without Terror [J]. World Politics, 1964, 16 (4): 558-575.

[29] Kennedy, J.J. Maintaining Popular Support for the Chinese Communist Party: The Influence of Education and the State-controlled Media [J]. Political Studies, 2009, 57 (3): 517-536.

[30] Kim, S. & Lee, J. E-participation, Transparency and Trust in Local Government [J]. Public Administration Review, 2012, 72 (6): 819-828.

[31] King, G., Pan, J. & Roberts, M. E. How Censorship in China Allows Government Criticism but Silences Collective Expression [J]. American Political Science Review, 2013, 107 (2): 326-343.

[32] Kraut, R., Patterson, M., Lundmark, V., Kiesler, S., Mukopadhyay, T. & Scherlis, W. Internet Paradox [J]. A Social Technology That Reduces Social Involvement and Psychological Well-being? The American Psychologist, 1998, 53 (9): 1017-1031.

[33] Kwon, S. W., Heflin, C. & Ruef, M. Community Social Capital and Entrepreneurship [J]. American Sociological Review, 2013, 78 (6): 980-1008.

[34] Landry, P. F. Decentralized Authoritarianism in China [M]. New York: Cambridge University Press, 2008.

[35] Li, L. Political Trust in Rural China [J]. Modern China, 2004, 30 (2): 228-258.

[36] Lingle, C. The End of the Beginning of the Pacific Century? Confucian Corporatism and Authoritarian Capitalism in East Asia [J]. Pacific Review, 1996, 9 (3): 389-409.

[37] Liu, Huaxing & Raine, John Watson. Why is There Less Public Trust in Local Government Than in Central Government in China? [J]. International Journal of Public Administration, 2016, 39 (4): 258-269.

[38] Mishler, W. & Rose, R. What are the Origins of Political Trust? Testing Institutional and Cultural Theories in Post-communist Societies [J]. Comparative Political Studies, 2001a, 34 (1): 30-62.

[39] Mishler, W. & Rose, R. Political Support for Incomplete Democracies: Realist vs. Idealist Theories and Measures [J]. International Political Science Review, 2001, 22 (4): 303-320.

[40] McCarthy, J. Americans Still Trust Local Government More than State [J]. Politics, 2014 (9): 22.

[41] McAllister, I. The Economic Performance of Governments [J]. Critical Citizens: Global Support for Democratic Governance, 1999 (1): 188-203.

[42] Mishler W. & Rose, R. Trust, Distrust and Skepticism: Popular Evaluations of Civil and Political Institutions in Post-communist Societies [J]. The Journal of Politics, 1997, 59 (2): 418-451.

[43] Mishler, W. & Rose, R. What are the Origins of Political Trust? Testing Institutional and Cultural Theories in Post-communist Societies [J]. Comparative Political Studies, 2001, 34 (1): 30-62.

[44] Moy, P. & Scheufele, D. A. Media Effects on Political and Social Trust [J]. Journalism & Mass Communication Quarterly, 2000, 77 (4): 744-759.

[45] Mutz, D. C., & Reeves, B. The New Video Malaise: Effects of Televised Incivility on Political Trust [J]. American Political Science Review, 2005, 99 (1): 1-15.

[46] Norris, P. Democratic Deficit: Critical Citizens Revisited [M]. Cambridge Uni-

versity Press, 2011.

[47] Neuman, W. R. The Paradox of Mass Politics: Knowledge and Opinion in the American Electorate [M]. Harvard University Press, 2011.

[48] Newton, K. Social and Political Trust in Established Democracies 51 [J]. Critical Citizens: Global Support for Democratic Government, 1999 (1): 169.

[49] Nie, N. H. & Erbring, L. Internet and Society: A Preliminary Report [R]. 2002.

[50] Norris, P. Critical Citizens: Global Support fort Democratic Governance [M]. Oxford: Oxford Press, 1999.

[51] Nunkoo, R. & Smith, S. L. Political Economy of Tourism: Trust in Government Actors, Political Support and their Determinants[J]. Tourism Management, 2013 (36): 120-132.

[52] OECD. Government at a Glance 2013 [EB/OL]. Retrieved from http: //dx.doi.org/10.1787/gov_glance-2013-en, 2013.

[53] Parks, M. R. & Floyd, K. Making Friends in Cyberspace [J]. Journal of Communication, 1996, 46 (1): 80-97.

[54] Pharr, S. J., Putnam, R. D. & Dalton, R. J. Introduction: What's Troubling the Trilateral Democracies? In: Pharr S. J. & Putnam R. D., Disaffected Democracies: What's Troubling the Trilateral Countries? [M]. Princeton: Princeton University Press, 2000.

[55] Pietsch, J., & Martin, A. Media Use and Its Effect on Trust in Politicians, Parties and Democracy [J]. Australasian Parliamentary Review, 2007, 26 (1): 131-141.

[56] Rivetti, P. & Cavatorta, F. Functions of Political Trust in Authoritarian Settings [J]. Handbook on Political Trust, 2017 (4): 53.

[57] Rheingold, H. The Virtual Community: Homesteading on the Electronic Frontier [M]. MIT Press, 2000.

[58] Rothstein, B. The Quality of Government: Corruption, Social Trust, and Inequality in International Perspective [M]. University of Chicago Press, 2011.

[59] Saich, A. The Quality of Governance in China: The Citizens' View [N]. Working

Paper Series, Harvard University, John F. Kennedy School of Government, 2012 (1): 7-14.

[60] Shi, T. Culture Values and Political Trust: A Comparison of the Prople's Republic of China and Taiwan [J]. Comparative Politics, 2001, 33 (4): 401-419.

[61] Sohn, K. & Kwon, I. Does Trust Promote Entrepreneurship in a Developing Country? [J]. The Singapore Economic Review, 2016 (1): 7-14.

[62] Sullivan, J. L. & Transue, J. E. The Psychological Underpinnings of Democracy: A Selective Review of Research on Political Tolerance, Interpersonal Ttrust, and Social Capital [J]. Annual Review of Psychology, 1999, 50 (1): 625-650.

[63] Stiglitz, J. E. Capital Market Liberalization, Economic Growth and Instability [J]. World Development, 2000, 28 (6): 1075-1086.

[64] Tang, W. Public Opinion and Political Change in China [M]. Stanford CA: Stanford University Press, 2005.

[65] Tolbert, C. J. & Mossberger, K. The Effects of E-government on Trust and Confidence in Government [J]. Public Administration Review, 2006, 66 (3): 354-369.

[66] Tworzecki, H. & Semetko, H. A. Media Use and Political Engagement in Three new Democracies: Malaise Versus Mobilization in the Czech Republic, Hungary, and Poland [J]. The International Journal of Press/Politics, 2012, 17 (4): 407-432.

[67] Van der Meer, T. W. & Zmerli, S. The Deeply Rooted Concern with Political Trust [J]. Handbook on Political Trust, 2017 (1): 1.

[68] Wang, Z. Explaining Regime Strength in China [J]. China: An International Journal, 2006, 4 (2): 217-237.

[69] Wang, Z. Public Support for Democracy in China [J]. Journal of Contemporary China, 2007, 16 (53): 561-579.

[70] Warren, M. E. Democracy and Deceit: Regulating Appearances of Corruption [J]. American Journal of Political Science, 2006, 50 (1): 160-174.

[71] Welch, E. W. & Hinnant, C. C. Internet Use, Transparency, and Interactivity Effects on Trust in Government. In System Sciences, 2003 [J]. Proceedings of the 36th Annual Hawaii

International Conference on, 2003 (1): 7-14.

[72] Wong, T., Hsiao, M. & Wan, P. Comparing Political Trust in Hong Kong and Taiwan: Levels, Determinants and Implications [J]. Japanese Journal of Political Science, 2009, 10 (2): 147-174.

[73] Yang, G. The Power of the Internet: Citizen Activism Online [M]. New York: Columbia University Press, 2009.

[74] Yang, K. & Tang, W. Exploring the sources of Institutional Trust in China: Culture, Mobilization, or Permanance? [J]. Asian Politics & Policy, 2010, 2 (3): 415-436.

[75] Yu, F. Mass Persuasion in China [M]. New York: Praeger, 1964.

[76] Zhao, D. H. & Hu, W. Determinants of Public Trust in Government: Empirical Evidence from Urban China [J]. International Review of Administrative Sciences, 2015 (1): 1-20.

[77] Zhao, X., Zhu, J., Li, H. & Bleske, G.L. Media Effects Under a Monopoly: The Case of Beijing in Economic Reform [J]. Internatinal Journal of Public Opinion Research, 1994, 6 (2): 95-117.

[78] Wzmerli, S. & Newton, K. Objects of Political and Social Trust: Scales and Hierarchies [J]. Handbook on Political Trust, 2017 (1): 104.

邓卫广　Wu Xiaoyu　周　冬

结 语

人们在面对新事物时总会有本能上的恐惧与抗拒。当新事物发展受阻时，往往趋向于落井下石，所以我们会看到“互联网经济就是泡沫”等言论，但是，这些都阻挡不了互联网发展的历史潮流。互联网技术的推广和运用已经改变了人们的生活、消费、生产活动，进一步改变了产业结构、社会经济发展。

以互联网及移动互联网为代表的新媒体在各国经济发展过程中发挥着积极和重要的作用。未来全要素生产率的提高，新媒体势必具有不容忽视的边际正效应。互联网的广泛使用和推广可以大幅度降低交易成本、提高各部门管理效率，高效率、低成本传递信息的同时又可以使市场价格透明化，从而让市场机制更为完善。相对于城市和非城市居民各经济特征的地区间差异和地区区域经济状况差异两者的相关性，城市和非城市居民教育、就业和收入的差距与他们在网络信息科技使用差异的相关性更强。网络覆盖的城乡差异有可能进一步扩大该居民现有各经济特征的差异（如就业和收入）。随着数字信息科技在地区间覆盖及推广程度差异的不断拉大，地区居民在创新、人力资本及收入等经济特征现存差距也将逐渐拉大。因此，平衡地区差异十分必要。

从社会影响看，互联网的飞速发展不仅便利了人们的物质生活，也影响了人们的精神生活和行为方式等，由于网络提供了很多的社交平台，人们可以有更多的渠道接触到更广泛的社交圈，从而提高婚姻配对，但互联网对个人的婚姻决策会造成不良影响，对个人的恋爱以及婚姻造成威胁。同时，因为互联网低成本、高效、极速且具备一定程度的隐匿性等特征，所以互联网正成为民众披露问题、讨论社会矛盾、释放不满情绪、表达反对意见、探讨时事、参与政治政策的有效途径。不同于传统媒体，互联网使用是一个双向的互动过程，它能够释放人们的自我表达诉求，并给大众提供一个方便且有效的意见分享和政治参与途径。故而，互联网的覆盖及推广潜移默化地影响着大众对政府的看法和信任程度。适当地在互联网覆盖和推广过程中，进行合理的、健康的修缮和监督，十分必要。

本书中集合的各篇文章或报告都不尽完美，有些也只是研究的初步阶段。感谢我的先生让我知道痕迹可以保留，不妨碍追求完美。本书集合了我两年多来实证研究互联网的使用和推广对个人经济决策、家庭决策、社会感知和社会经济地位影响的一系列文章。这系列影响，涉及就业、收入、婚姻决策、产业发展、反腐效果、政治信任和社会公平认知等。在系列文章中，作者们基于管理学、传播学、经济学、社会学、政治学等学科基础理论，使用全国性互联网发展时间序列数据和家庭用户调查微观数据（CGSS 和 CFPS 等）并结合西方的因果性实证设计，希望能了解互联网影响我国社会经济发展的现状和其影响机制。需要再次说明的是，虽然多篇文章已被学术期刊接受或发表，但部分只是个人研究的开端，希望以后能更加深入，为这一领域提供更为严谨、准确的证据和研究。

最后感谢浦江人才计划项目（编号：16PJC060）、教育部人文社会科学青年项目（编号：17YJCZH267）和由上海交大—南加州大学合办的文创学院和紫竹国家高科技园区的紫竹新媒体管理研究中心项目支持。本书部分内容为项目成果报告。本书可供感兴趣的普通读者阅读。